MES routines DU MATIN

CLAIRE NOUY

MES **routines** DU MATIN

8 RITUELS

SUR 4 SAISONS POUR BOOSTER VOTRE JOURNÉE

MARABOUT

SOMMAIRE

Introduction 7

Un marathon au quotidien! 7
Comment se réveiller (plus tôt)! 13

Les 8 piliers d'un matin réussi 19

Digital Detox 20
Detox food 21
Méditation en silence 24
Visualisation et affirmation 25
Yoga 26
Ayurveda 27
Lecture et écriture 28
Beauté 29

Les rituels du printemps 32

Étirements de « bonne journée » 35
Massage du visage « éclat » à sec 39
Lavage de langue 41
Méditation 41
Glowing bowl 44
Oil pulling 49
Brossage à sec 50
Yoga : torsions douces 51
Green detox smoothie 56

Les rituels de l'été 59

Yoga cardio/abdos 61
Tartine au houmous 65
Écriture 67
Nauli : massage abdominal 71
Méditation 72

Yoga flow 73
Sunny smoothie 79
Baume déodorant maison 81

Les rituels de l'automne 83

Méditation 85
Yoga Yin 86
Comfort porridge 91
Brossage à sec 95
Méditation 95
Yoga : postures d'équilibre 97
Crème douce aux épices ayurvédiques 102

Les rituels de l'hiver 105

Gommage détox 107
Écriture 109
Lecture 111
Lassi détox 112
Nauli 115
Pranayama 115
Hot yoga 117
Potion magique maca/cacao cru 121

Leurs rituels à elles 123

Clotilde Dusoulier 124
Mélody Szymczak 127
Claire Andreewitch 130
Agathe Audouze 133
Claire Lafon 135

Annexes 138

INTRODUCTION

Entrepreneuse et maman d'une petite Mia, je mène une vie très intense entre ma jeune société Atelier Nubio (conception et fabrication de cures détox haut de gamme) lancée en 2014 et mon nouveau statut de parent.

Un marathon au quotidien!

En cinq mots, je-cours-après-le-temps.

Hyperactive, bien décidée chaque jour à descendre une to-do-list géante, je suis incapable de me «poser et ne penser à rien» et suis toujours en activité, à «courir partout». Mais j'ai aussi tendance à la procrastination, happée par mon smartphone, les e-mails, les réseaux sociaux, les blogs, les magazines d'art, les romans...

Il m'arrive de rêver d'une vie très «slow», minimaliste et éco-lo-puriste, où je prendrais le temps de faire pousser des légumes, contempler la beauté de la nature – une vie loin de la ville et de la société de consommation, une vie d'ascète en quelque sorte! Peut-être un jour... parce que je suis aussi stressée de ne pas profiter des soldes ou de rater le dernier film de Hong Sang-soo!

Voilà. Je suis pleine de contradictions et de doutes. Comme tout le monde, en réalité! L'arrivée de bébé en 2016 a fait «dérailler» mon fragile équilibre de jeune workaholic. J'ai pataugé – souffert même: j'avais l'impression de ne plus rien faire de bien, j'étais angoissée et hypersensible, incapable de me donner du répit. Mes premiers matins de maman/entrepreneuse étaient si douloureux que j'ai dû, plus que jamais, me prendre en main!

Ce mini-séisme m'a forcée à adopter une nouvelle discipline afin de continuer à prendre du plaisir dans mon quotidien et de maintenir mon niveau d'exigence au plus haut dans tous les domaines (pas question d'abandonner mon entreprise, de me nourrir de plats tout prêts, de négliger mon bébé ou de traîner en vêtements mous !). Et je me suis rendu compte que cette « discipline du plaisir » prenait tout son sens dans le début de la journée, quand le jour est tout frais et qu'il y a tant à accomplir !

Je vous livre dans cet ouvrage des petits programmes ou « rituels du matin » pour construire, vous aussi, votre journée à partir de cet ancrage matinal. À la clé, vous y trouverez des idées pour vous aimer et vous assumer comme vous êtes (enfin !) et devenir votre propre icône (cessons d'envier ces icônes de papier ou d'Instagram...).

Tentez l'expérience !

J'aime avant tout les nouvelles expériences et suis prête à tester beaucoup de choses. Mes ami·e·s se moquent souvent de moi parce que j'ai un carnet d'adresses très étendu pour toutes sortes d'expériences inédites, allant de la flottaison en isolation sensorielle au psychologue félin ! Je tiens à dire que toutes ces expériences m'ont énormément apporté – c'est ma façon de fonctionner, je teste tout et suis plus à même de savoir exactement ce que je veux et ce qui me convient après avoir exploré plusieurs possibilités.

Quand j'ai découvert le best-seller de Hal Elrod, *Miracle Morning*, cela m'a intriguée... N'étant ni « early bird » ni « night owl », j'avais quand même tendance à « snoozer » (appuyer sur rappel quand le réveil sonne) et à commencer la journée stressée – un stress qui me quittait ensuite rarement. J'ai

RITUELS POUR TOUS

Je serais heureuse que ce livre fasse écho aux femmes et aux hommes qui, comme moi, ont le sentiment :

- d'avoir du mal à lâcher prise, d'être control-freak ;
- de ne jamais en faire assez ;
- d'être stressé·e·s et épuisé·e·s en permanence ;
- d'être inefficaces et de ne rien faire de bien ;
- de se mépriser et d'être envieu·se.

Ce livre va vous aider à :

- devenir votre propre icône ;
- adopter un mode de vie le plus détox possible ;
- vous recentrer ;
- aller à l'essentiel ;
- vous regonfler en énergie positive ;
- être plus heureux·se !

Oublions les matins froissés, courbaturés, stressés et dopés au café ! Faites du petit matin un moment fort de votre journée.

immédiatement adhéré au concept et je l'ai bien adapté à mon propre mode de vie et de pensée... plus français, plus souple, plus féminin!

J'ai le sentiment que les femmes sont en effet davantage plus dans le contrôle et ont plus de mal à déconnecter (nous ruminons beaucoup les diverses « pollutions » alors que les hommes ont une capacité plus forte à passer à autre chose). Et même si les hommes se sentent (je l'espère) de plus en plus responsables de la logistique quotidienne et des enfants, ce sont les femmes qui se mettent la barre le plus haut et veulent assurer sur tous les plans!

Devenez votre propre icône !

Les quotidiens idéaux (et idéalisés) exposés sur Instagram et les réseaux sociaux peuvent inspirer et ont tendance à fasciner, voire à créer des envies de surconsommation ou des frustrations.

J'avoue être parfois interloquée quand je parcours les fils Instagram de femmes influentes. Mais comment font-elle pour concilier job de rêve, vacances dans des hôtels de luxe et enfants parfaits ? Comment ont-elle le temps de réaliser ces DIY débordants de créativité, ces shootings photos tout en passant de vrais moments de qualité et de tendresse avec leur mari, leurs enfants, leurs ami·e·s?

Voici les questions que nous nous posons à longueur de journée en faisant le parallèle avec notre vie à nous... Ces influenceuses précisent bien que leur fil Instagram ne relaie que la face dorée de leur vie et que chaque cliché est travaillé pour donner cette impression de perfection. Cependant, ces vies que nous ne pouvons qu'envier nous distraient de notre propre vie, de notre quotidien qui, lui aussi, nous offre des opportunités qu'il nous suffit de saisir !

Les questions que j'ai décidé de me poser sont, dans mon cas : « Quelle femme, quelle chef d'entreprise, quelle mère aimerais-je être MOI ? ». Cela a tout changé !

Pour commencer votre nouvelle vie, prenez un carnet et notez :

- 12 choses que vous aimez chez vous. Ça peut être votre sourire, vos pieds, le fait d'être courageux, de bien raconter des histoires, de savoir écouter, d'aimer quelqu'un très fort, etc. Cette liste n'est que pour vous ;
- les femmes/hommes de votre entourage (ou célébrités) à qui vous aimeriez ressembler/que vous admirez ?

Quels sont les adjectifs précis qui les rendent désirables à vos yeux (qualités, valeurs) ?

- Enfin, écrivez vos rêves. Les vrais rêves, les plus fous – pas ceux qui sont atteignables à la fin de l'année ! S'ils vous semblent aujourd'hui atteignables, c'est que ce ne sont pas des rêves. Les rêves servent à repousser les limites que vous vous êtes vous-même fixées et qu'il faut travailler à exploser !

Ensuite, pratiquez vos pensées

Vos pensées vous appartiennent. Il y a peu de choses que nous pouvons contrôler – nous ne pouvons rien sur ce que pensent ou font les autres mais sur ce que nous pensons, nous, nous avons les pleins pouvoirs ! Profitons-en. Dans le même temps, cessons de vouloir contrôler les autres, partenaire, enfants, cela ne sert à rien. Vous ressentirez une grande liberté en vous rendant compte que la seule chose sur laquelle vous avez le contrôle, c'est votre cerveau, et les pensées qu'il génère.

Gardez précieusement la liste de tout ce que vous aimez chez vous. Répétez-vous ces qualités à l'envi, dès que le moral baisse un peu ou que vous avez besoin de vous motiver. Les bons mots, une respiration profonde, de l'air frais et on se sent tout de suite mieux !

- Ces qualités que vous valorisez chez les autres, elles peuvent être vôtres ! C'est l'effet de miroir. Ce que l'on aime chez les autres, c'est ce qu'il y a en puissance en nous. Ce n'est pas parce que vous avez toujours dit le contraire depuis l'enfance (ou que l'on vous a dit le contraire) que vous ne pouvez pas commencer maintenant à penser différemment.
- Tâchez au départ de modifier légèrement vos pensées actuelles, par exemple « Je n'ai pas confiance en moi » par « Je me construis, j'avance, je suis déterminé·e » ou « Mon corps est disgracieux, je le déteste » par « J'ai un corps, c'est le mien et j'en prends soin ».
- Pratiquez tous les jours vos pensées pendant une trentaine de minutes. Cela va changer votre vie ! Il est idéal de le faire le matin : prendre 5 minutes pour noter toutes les pensées, ces petites phrases formulées par notre cerveau. En les étudiant, il est aisé d'identifier les quelques pensées négatives directrices. Ce sont sur celles-là que nous allons travailler !

Comment se réveiller (plus tôt) !

Nos envies dépendent de notre humeur, de la saison et... du temps que nous avons ! Bien sûr, plus nous nous levons tôt et plus nous avons le temps de nous adonner à ces activités bénéfiques, qui nous permettent de vivre plus fort·e·s et plus apaisé·e·s.

J'ai décidé de vous proposer un rituel court et un plus long par saison. Vous pouvez réserver le rituel long pour le week-end pour commencer, et l'insérer pendant la semaine, une fois rodé.

Je faisais aussi partie de celles qui trouvaient criminel d'avancer l'heure du réveil ! Après quelques réveils un peu piquants (et, je l'avoue, quelques « snooze »), je suis devenue adepte de ces moments privilégiés le matin dans lesquels je puise mon énergie pour toute la journée.

Quelques conseils pour rejoindre le club des « early birds » tout en douceur :

Allez-y par étapes, petit à petit. Commencez par un seul exercice, adoptez-le, et passez à la suite. Il vous faudra environ 3 mois révolus pour devenir un early bird ! Prenez votre temps.

Au départ, avancez seulement votre réveil de 30 minutes. Si vous adoptez ces routines matinales, vous serez beaucoup plus efficace la journée et vous vous coucherez satisfait·e le soir (et plus tôt). Bientôt, vous vous réveillerez naturellement (sans réveil) !

TROIS PETITS CONSEILS POUR UNE BONNE NUIT

- Faire de sa chambre un petit sanctuaire – espace épuré, bien aéré, wi-fi free zone (téléphone en mode « avion » uniquement), choisir de jolis draps et disposer des livres réjouissants sur sa table de nuit.
- Prendre un bain le soir permet de se détendre et de réduire légèrement la température de son corps, ce qui favorise un bon sommeil. J'ajoute quelques gouttes d'huile végétale (avoine ou argan) pour hydrater ma peau et d'huile essentielle pour me détendre.
- Se masser les pieds pendant 3 minutes avec une lotion pure (et masser ceux de l'aimé·e) : détente, circulation facilitée, douceur & hydratation. On passe une meilleure nuit après ce petit rituel ! Vous pouvez aussi en profiter pour vous faire masser les pieds par votre partenaire (et réciproquement) et en profiter pour écouter les émotions ressenties par l'autre pendant la journée. Le fait d'identifier les émotions permet de mieux les vivre (et de se connaître !)

En semaine, l'heure où je m'adonne à mes rituels du matin est entre 6h et 7h. Entre 7h et 8h, je passe un moment privilégié avec mon mari et ma petite fille.

Le week-end et pendant les vacances, j'aime bien dormir plus tard – jusqu'au lever très matinal de mon bébé! Je mets tout le monde dehors (c'est l'occasion d'une balade entre père et fille) au moment de m'adonner à mes rituels.

Le rituel du matin commence le soir !

- Bien ranger son espace, aérer et allumer une bougie doucement parfumée. Deux effets positifs : on est apaisé·e pour bien dormir et non pollué·e par les tâches ménagères au réveil (important pour les control-freaks comme moi qui ne supporte pas la vaisselle qui s'entasse!).
- Choisir sa tenue du lendemain : non seulement cela fait gagner du temps le matin mais cela permet aussi de composer ses tenues de façon plus inspirée que dans le rush du réveil.
- Préparer la base de son petit déjeuner : mettre les flocons/graines à tremper, décongeler les fruits le cas échéant. Et surtout, l'idée d'un bon petit déjeuner déjà initié est d'une grande aide pour sortir du lit le matin!
- Tout particulièrement le dimanche soir, je trouve très apaisant de préparer le déjeuner du lendemain en composant son repas dans un joli pot en verre ou un bento. Même si c'est une tâche de plus à faire le soir quand nous sommes en plein blues du dimanche, le fait de se dire que le lundi midi sera sain, savoureux et beau est une bonne façon de commencer la semaine! Et si un déjeuner en dehors de l'atelier vient se glisser, mon bento m'attend pour le mardi.

Stop au snoozing

Il est très important de se lever à la première sonnerie du réveil plutôt que de refermer les yeux, et de le mettre en pause. Cet instant de « répit » que nous croyons nous donner est davantage une source de stress à venir (retard, humeur maussade) et donne surtout un mauvais départ dans la journée (faire taire le réveil pour se rendormir 5 minutes signifie que nous aimons mieux dormir que vivre cette journée pleine de promesses !).

Il faut se forcer un peu si on a l'habitude de laisser le réveil sonner plusieurs fois, mais le fait de se réveiller à la première sonnerie est une vraie bonne impulsion pour commencer la journée. Si le réveil vous pique trop, plusieurs astuces : boire un grand verre d'eau, ouvrir grand la fenêtre, allumer la lumière s'il fait encore sombre dehors, s'étirer comme un chat ou comme un bébé (regardez-les s'étirer en se contorsionnant – nous perdons en grandissant cette capacité à éveiller nos muscles avant toute chose !)

CE LIVRE
EST UNE SOURCE
D'INSPIRATION
POUR CONSTRUIRE
VOTRE RITUEL IDÉAL,
JE SERAIS RAVIE
DE VOUS
CONVAINCRE
DE TENTER
L'EXPÉRIENCE !

Vous êtes prêt·e ?

1 DIGITAL DETOX

2 DETOX FOOD

3 MÉDITATION EN SILENCE

4 VISUALISATION & AFFIRMATION

5 YOGA

6 AYURVÉDA

7 LECTURE & ÉCRITURE

8 BEAUTÉ

DIGITAL DETOX

S'il n'y a qu'une pratique à retenir de ce livre, c'est celle de tenir éloigné son smartphone au maximum en dehors du travail. Et je préconise même de ne pas le garder toujours sous la main lors de sessions de travail qui requièrent toute votre attention. Gardez en tête de ne pas répondre à votre téléphone dès qu'il vous « siffle » !

En tant que véritable « toutou » de mon iPhone, je sais à quel point cette règle est difficile à suivre et demande beaucoup de pratique ! Chez Atelier Nubio, nous avons mis en place une alerte « NO PHOBING » (= phone + snobing) et j'ai longtemps été la plus « épinglée » ! Oui l'« over-facebooking » ou l'« over-instagramming » sont des drogues dures ! Je profite à présent du fruit de mes efforts : beaucoup plus d'attention (pour les autres et pour moi-même), plus d'efficacité dans ce que je fais et surtout beaucoup plus de temps pour faire autre chose !

Le soir (eh oui, votre « rituel du matin » commence le soir !) : fixez-vous une heure à partir de laquelle vous mettez votre smartphone en silencieux – par exemple 21 h 30. Vous échouerez sans doute les premiers jours, mais tenez bon ! Quand vous serez capable de ne pas jeter un dernier petit coup d'œil au téléphone avant d'éteindre la lumière, vous pourrez vous considérer comme guéri·e ! Vos soirées en seront métamorphosées.

Le matin : *vade retro* le smartphone avant de partir de la maison ! Je vous conseille de le laisser en mode « avion » jusqu'au moment où vous vous mettez au travail. Il est « autorisé » sur le trajet pour écouter de la musique ou un podcast. Profitons des « commutings » pour prolonger notre morning, pour apprendre, pour respirer en conscience, ou travailler sur nos pensées (cf. p. 25).

DETOX FOOD

La détox, c'est mon métier! L'aventure Nubio a débuté il y a trois ans et j'ai eu le loisir de tester tous les jus, les smoothies, les jus d'herbe et les superfoods qui existent! Le petit déjeuner étant en plus mon repas préféré de la journée, je vous promets beaucoup de plaisir.

Voici quelques grands principes

- Au lever, il me convient de manger en petite quantité… Je prends parfois un encas dans la matinée par la suite. L'idée est de ne pas se plomber au lever! Je vous propose des petites dînettes matinales tour à tour boostantes, réconfortantes ou nettoyantes! Les petits déjeuners proposés sont assemblés en 5 minutes, à base de fruits et légumes frais. Des petites portions – eh oui! La digestion prend une énergie considérable et mon motto est de manger léger le matin (mais nutritionnellement dense).
- Des protéines de bonne qualité (le matin est le meilleur moment pour en manger). Étant totalement réfractaire aux œufs le matin, j'opte en général pour un produit laitier fermenté (yaourt et des oléagineux).

- Pas de « processed food » : on prépare soi-même et à partir de produits bruts. Le « fait-maison » est un grand principe !
- Pas de sucre raffiné et le minimum de sucres ajoutés (type miel, sucre de coco ou sirop d'érable) qui apportent, en plus de la touche sucrée, des bons minéraux ! Si on a le palais sucré, on opte pour une datte, une petite cuillerée de miel, de sucre de coco ou de sirop d'érable). Le but est de rééduquer notre palais pour apprécier les saveurs moins sucrées.
- Le minimum d'excitants ! J'aime le très bon café filtre, mais je le réserve pour plus tard dans la matinée (à moins que je n'opte pour un jus vert frais) pour me rebooster, et le week-end. Il est essentiel de s'hydrater à fond le matin mais on privilégie l'eau pure et les infusions, ou un bon thé vert (à ne pas prendre en continu dans la journée car le thé freine l'absorption de certains minéraux comme le fer).
- Du cru à chaque repas et a fortiori au petit déjeuner ! C'est une bonne habitude à adopter en toute saison même l'hiver. C'est la seule façon de s'assurer la dose de vitamines nécessaire et d'hydrater ses cellules en profondeur !
- Beaucoup de variété – chaque bol du matin contient plusieurs ingrédients et on change chaque jour (si vous gardez la même base, variez le topping).

Bien entendu, les ingrédients suivent les saisons et doivent être choisis BIO ! Vous allez vite vous approprier les recettes et trouver vos propres variantes. Le rituel est la base, la ligne directrice, mais c'est à vous d'y ajouter votre petite touche personnelle... Il n'y a pas une alimentation qui convient à tout le monde, c'est à vous de tester ce qui vous fait le plus de bien, vous permet d'être plus performant·e.

JUS DE CITRON : HOT OR NOT

Depuis que Kate Moss a partagé sa petite astuce magique du citron pressé dans de l'eau chaude le matin censé annuler tous les excès de la nuit, nombreuses sont celles qui ne peuvent plus s'en passer.

Le citron est le fruit détox par excellence, il est riche en vitamines, peu sucré et très alcalin pour le corps (malgré son goût acide sur la langue !). Il aide à maintenir le pH neutre du corps sans puiser dans les os ou les organes. Il faut veiller à manger le maximum d'aliments alcalins (les excès de type alcool, sucre et cigarettes chers à Kate Moss sont extrêmement acidifiants !).

C'est un rituel intéressant donc, à condition de respecter les petites astuces suivantes :

- inutile de presser un citron entier, une dizaine de gouttes suffisent pour bénéficier de ses vertus alcalines ;
- ne pas utiliser d'eau brûlante (qui va détruire la vitamine C du citron) mais plutôt une eau tiède (autour de 40°C) ;
- en profiter pour pimper votre citron tiède avec quelques épices ayurvédiques : curcuma ou gingembre frais, cardamome, coriandre...

MÉDITATION EN SILENCE

C'est une étape absolument essentielle. Même si elle vous fait peur ou vous attire peu, vous allez vite devenir accro. Pour ma part, j'aime méditer sur un gros ballon (ballon de gymnastique), mais vous pouvez méditer partout. Commencez plutôt dans un endroit très calme. Vous serez rapidement capable de la pratiquer partout !

Vous n'avez besoin que de trois choses pour méditer :

- une intention (ou état d'esprit auquel vous aspirez, là, maintenant) pour cette session ;
- respirer et porter une attention sur votre respiration ;
- un espace/temps où vous pouvez vous concentrer sur vous-même.

VISUALISATION ET AFFIRMATION

Si cette pratique vous apparaît un peu abstraite, elle vous sera vite familière. Comme je suis « plus auditive » que « visuelle », j'ai besoin d'associer la vision à une affirmation orale. Quand j'entends quelque chose, mon cerveau le mémorise mieux. Je me visualise dans les situations de la journée (celles notamment où je me sens moins à l'aise – hors de ma zone de confort, ou celles où je dois être particulièrement convaincante) et j'y associe une intention à voix haute et vigoureuse, comme : « Je vais faire valoir mon travail que je sais être de qualité » ou « Je suis capable de leur montrer de quoi je suis capable et je suis capable d'aller très loin » ou « Je vais motiver toute l'équipe grâce à mon énergie solaire et positive et nous allons mener ce projet tous ensemble ! » (il vaut mieux être seul·e à ce moment-là pour ne pas être gêné·e par le jugement d'un tiers !). Les deux mots-clés pour la réussite de cet exercice : précision de la « vision » et récurrence de l'affirmation !

Le plus important est de se fixer des objectifs et de s'accorder quelques minutes chaque jour pour visualiser celui·elle que nous souhaiterions être dans la journée qui s'ouvre à nous.

YOGA

Je pratique le yoga depuis de nombreuses années. Plus je pratique le yoga et plus j'ai envie de l'explorer, de progresser, de me confronter à d'autres styles d'enseignement.

Chaque année, je m'offre une semaine de retraite de yoga - sans bébé ni mari, une parenthèse juste pour moi. Je rentre régénérée, pleine d'idées et de nouveaux projets ! Dans ce livre, je propose des postures particulièrement adaptées au matin. Même les non-initié·e·s peuvent facilement se les approprier !

Le yoga apporte souplesse, grâce et énergie musculaire, ce dont nous avons besoin dans notre jungle quotidienne !

5

AYURVEDA

Si cette médecine indienne, holistique et ancestrale ne vous dit encore rien, j'aimerais vous donner envie de l'explorer plus en détail après cette mini-initiation.

L'objectif de l'Ayurveda est d'atteindre une santé totale physique et mentale grâce à un mode de vie adapté à votre constitution.

Dans ce livre, je vous propose de faire l'expérience de soins et rituels de bien-être empruntés à la médecine ayurvédique et adaptés à tous. Pour aller plus loin, il est essentiel de déterminer vos « doshas » afin de suivre les préconisations spécifiques à votre constitution.

LECTURE ET ÉCRITURE

La lecture permet de réduire le stress et de stimuler notre créativité. C'est pourquoi je l'ai incluse dans certains rituels – et vous donne ma bibliothèque idéale pour savourer ces 6 minutes (ou plus) de lecture en silence. Variez les lectures et ne vous imposez pas des lectures complexes qui demandent beaucoup d'efforts. Pensez au plaisir que vous procurent ces lectures. J'alterne entre romans en français ou anglais (je préfère les lire en V.O. comme les films !), poésie, essais sur l'entrepreneuriat, magazines de tendances et même livres de cuisine ! Sans oublier quelques opus de développement personnel ou de coaching (très adaptés à nos rituels !)

L'écriture, quant à elle, permet de poser ses rêves, expériences, pensées et idées.

Elle permet aussi d'évacuer sur le papier les émotions négatives – et débuter la journée l'esprit clair. L'écriture automatique est au programme de nos rituels du matin.

Cette écriture n'a pas pour but d'être lue par d'autres. C'est la clé pour prendre du recul sur celle ou celui que l'on est, ce que l'on ressent. Elle permet de nous considérer comme un objet d'étude. Cette écriture apaise, cette écriture motive, cette écriture nous aide à mieux nous aimer !

BEAUTÉ

Les soins du corps et du visage sont avant tout des gestes (plus que des produits) qui peuvent procurer un moment de pur plaisir.

C'est aussi l'occasion de se regarder avec bienveillance et de se parler devant le miroir !

Le matin, au réveil, décoiffé·e et froissé·e, regardons-nous avec bienveillance et saluons-nous. « Bonjour toi ! » Plus généralement, la beauté est une attitude et est liée à 100 % à l'idée que l'on se fait de soi-même.

Le fait de prendre soin de soi, de se masser, de se regarder avec bienveillance participe au processus d'auto-appréciation. Je prends toujours 5 minutes de plus pour me masser avec mon baume préféré !

SELON LES
SAISONS, SELON
VOTRE TEMPS,
CHOISISSEZ LE RITUEL
QUI VOUS INSPIRE.

/ Printemps

20 min RITUEL **GLOW**

40 min RITUEL **CLEAN**

/ Été

20 min RITUEL **TONIQUE**

40 min RITUEL **SOLAIRE**

/ Automne

20 min RITUEL **RELAX**

40 min RITUEL **HARMONIE**

/ Hiver

20 min RITUEL **PEAU NEUVE**

40 min RITUEL **HOT**

LES RITUELS DU **printemps**

Au début du printemps, nous sortons de notre « hibernation ». C'est un moment où il est important de se stimuler (faire remonter notre « sève » comme les arbres !), de s'alléger et de prendre particulièrement soin de sa peau.

Nos envies dépendent de notre humeur, de la saison et... du temps que nous avons ! Bien sûr, plus nous nous levons tôt et plus nous avons le temps de nous adonner à ces activités bénéfiques, qui nous permettent de vivre plus fort·e·s et plus apaisé·e·s.

Je propose des rituels courts, et d'autres plus longs. Chaque matin est différent !

RITUEL **GLOW**

20 min

J'associe le « glow » à l'éclat de la peau bien sûr, mais aussi au fait de laisser tout son être rayonner et diffuser une belle énergie. Ce court rituel associe des exercices physiques d'ouverture du cœur à des soins « bonne mine » ultrasimples. Arborer un « glow » de printemps, c'est le graal en toute saison !

3
min

Étirements de « bonne journée »

Notre objectif ici est d'ouvrir notre cœur (posture d'ouverture) et de s'ancrer dans la journée (posture d'équilibre).

Je commence dans mon lit (futon très dur) mais si votre matelas est trop mou, vous pouvez le faire sur le sol. Ces étirements/massages permettent de réveiller et de réchauffer le corps en douceur.

Adopter une respiration abdominale par le nez (inspir et expir se font uniquement par le nez). Essayer de maintenir « uttana bandha » 1 – en sanskrit, c'est le fait de maintenir le nombril vers la colonne tout en respirant par le nez. À l'inspir, le ventre se gonfle, à l'expir, « uttana bandha » est plus intense. Avoir toujours en tête que cette respiration associée à « uttana bandha » décuple les effets des exercices !

À genoux, les fesses sur les talons, inspirer et tendre les bras vers le haut 2, les mains jointes, index tendus, puis plonger à l'expir vers le sol. Laisser les genoux s'écarter et étirer au maximum les bras, avec les mains (en contact avec le sol). Les deux gros orteils doivent se toucher. Inspirer et, les mains au sol, « marcher » avec les doigts au maximum à gauche. Expirer en « marchant » avec les doigts à droite 3. Se relever en inspirant, bras tendus, index pointés vers le ciel.

Adoptez ce court rituel pour débuter la journée radieux·se !

1

Essayer dans la mesure du possible de faire ces étirements en « pleine conscience ».

L'objectif : se débarrasser des impuretés accumulées pendant la nuit.

2

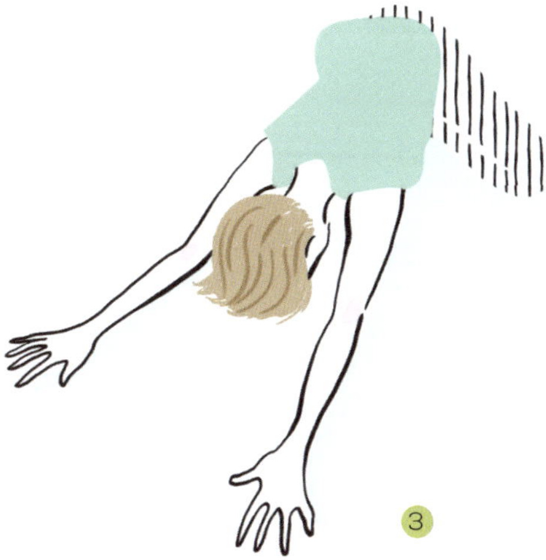

3

Votre téléphone reste en mode avion tout au long du rituel.

4

À genoux, le bras droit le long du corps, glisser la main droite près de la cuisse droite, lever le bras gauche contre le corps et au-dessus de la tête 4. Étirer tout le côté gauche en se courbant doucement vers la droite et surtout en essayant de présenter la poitrine face au plafond. Répéter le même mouvement à gauche et à droite 3 à 5 fois. Respirer profondément.

Ouvrir la poitrine et poser les poings fermés légèrement en arrière des pieds. Laisser la tête tomber en arrière et respirer profondément.

Se lever (hors du lit si vous n'avez pas quitté le moelleux de votre matelas pour le premier exercice!) et, debout, se grandir au maximum à l'inspir, sur la pointe des pieds, les bras tendus vers le ciel, les mains jointes, index pointés vers le ciel, regard en face de soi. Revenir pieds à plat à l'expir, joindre les mains derrière le dos, index pointés vers le sol, poitrine ouverte et regard vers le haut. Répéter 3 à 5 fois le mouvement en enchaînant les deux.

Il est très important d'ouvrir la poitrine et de respirer en remplissant la cage thoracique. Le travail de bureau devant un ordinateur a tendance à nous ramasser sur nous-mêmes : les « ouvertures cœur » ou « back bend » sont des contre-postures qui nous permettent de recréer de l'espace dans cette zone.

2 min

Massage du visage «éclat» à sec

Chaque soin du visage doit être savouré ! Se regarder avec bienveillance, se sourire, adopter des gestes très doux… cette étape est essentielle dans nos rituels. J'aime beaucoup le massage à sec qui donne un coup d'éclat immédiat sans utiliser de cosmétique !

Commencer par se sourire dans le miroir ! Remarquer comme le sourire illumine un visage – se forcer à sourire libère des endorphines (hormones du bonheur) – c'est un procédé à utiliser sans modération. Quand on a envie de se crisper, on sourit – et ça va beaucoup mieux. Associer une intention à votre journée qui commence à ce moment-là ! Par exemple = « Je vais accorder toute mon attention à ceux qui comptent pour moi », « Je veux me faire plaisir à 100 % »… Bien se regarder… et se le dire à soi-même ! Il faut se répéter cette phrase toute la journée dès que nous sentons que nos pensées prennent une direction opposée… Notre cerveau est une machine qui cherche l'efficacité et il faut lui « apprendre » à bien penser !

Pour le massage à sec

Bien se laver les mains au savon (de Marseille ou d'Alep, n'importe quel savon solide et pur !) et les sécher. Les réchauffer en les frottant l'une contre l'autre.

L'idée est de masser dans le sens inverse de la gravité pour conserver un visage le plus lisse possible : de bas en haut sur le cou et le front. Sur le front : doigts à plat, en partant du centre, étirer doucement vers les côtés et de haut en bas (répéter les mouvements plusieurs fois).

Sur les pommettes et les joues : pincer doucement les pommettes pour bien irriguer et obtenir un petit coup d'éclat. Terminer le massage par un massage lymphatique en appliquant doucement les paumes des mains à plat sur tout le visage.

Vaporiser une eau florale ou thermale sur le visage puis tapoter et ne pas « essuyer » avec une serviette douce. Ce massage est magique pour retrouver éclat et peau repulpée.

Appliquer ensuite vos soins cosmétiques – les plus purs possible. (Voir ma « Trousse de Beauté rêvée » p. 139.)

Si la peau est très desséchée, on peut faire le massage avec une huile pure (style chanvre). Après le massage, vaporiser aussi une eau florale ou un tonique et tapoter avec une serviette avant d'appliquer votre crème.

10 sec

Lavage de langue

Voici un petit rituel ayurvédique : le nettoyage de la langue avec un gratte-langue en métal (idéalement avant de boire ou manger). Il prend littéralement 5 secondes : brosser la langue de l'arrière vers l'avant.

Pendant la nuit, le corps est en effet au repos et en profite pour se nettoyer (processus naturel de détox), d'où la plaque blanche au réveil. Bien se rincer la bouche après le nettoyage avec de l'eau additionnée d'un peu de bicarbonate de soude, ou se laver les dents.

5 min

Méditation

La méditation apparaît encore comme une pratique un peu intrigante ! Il est important de la démystifier – c'est pour moi une simple pratique qui permet d'offrir au cerveau une pause. J'aime aussi l'idée que je le « lave » des pensées parasites. Après un peu de pratique, on peut aussi faire venir des pensées positives et les laisser « passer » sans les retenir, et se laisser envahir par un sentiment global de joie douce.

1

La méditation aide à se poser et à calmer le rythme. Si comme moi vous avez une tendance à la suractivité, la méditation est un vrai challenge, surtout chez soi. Il peut être intéressant de faire au début quelques pratiques de méditation guidée en groupe. Commencer par une minute puis, progressivement, allonger la durée.

J'aime beaucoup méditer sur un gros ballon (acquis lors de ma préparation à la grossesse), car il me permet de m'asseoir bien droite et de rythmer ma méditation par des petits rebonds (qui m'aident à me concentrer). Il est possible cependant de méditer partout : le sol (sur un petit matelas) ou un sofa assez dur sont idéaux. Je propose une méditation très simple adaptée aux débutant·e·s – c'est celle que je pratique tous les jours.

- S'asseoir confortablement, bien droit·e. Enfoncer les ischions dans le sol. Bien sentir l'attraction du sol et, en même temps, visaliser un fil imaginaire qui élève la tête. Associer une intention à cette séance de méditation en fonction de votre état intérieur. Par exemple : lâcher prise.
- Fermer les yeux doucement (garder les paupières détendues, ne pas crisper) et se concentrer sur la zone du

troisième œil (c'est la zone où apparaît de la lumière à la racine du nez, entre les deux yeux quand on les ferme).

- Adopter une respiration profonde et abdominale. Si vous êtes à l'aise, inspirez profondément par le nez et expirez en contractant la glotte en faisant un léger bruit de vague (cette technique aide à se concentrer), la respiration prend alors le pas sur les pensées. Cette respiration dite « ujjayi », réchauffe aussi le corps (très utile le matin, quand la température du corps est plus basse).
- Détendre les points de tension derrière la nuque en plaçant ses deux mains sur le crâne, pouces à l'arrière 1. Les deux points de tension sont situés à 4 points du bas des oreilles. Appuyer légèrement pendant 10 secondes tout en se concentrant sur la respiration.
- Détendre ensuite les bras, soit les mains jointes en prière, soit les mains posées sur les cuisses, paumes vers le haut.
- Détendre la langue dans la bouche, détendre les épaules.
- Ne pas essayer de « ne pas penser », mais au contraire laisser les pensées venir et repartir. Se représenter le cerveau comme un lieu de passage. Accueillir les pensées et ne pas les retenir.
- À chaque inspiration, inspirer l'intention de la journée, cela peut être un mot que vous aimez (« paix » ou « douceur » par exemple) ou une petite phrase comme (« j'apprécie chaque journée »).
- Visualiser le sang qui circule dans le corps en partant du bas (les pieds) jusqu'en haut du crâne.
- Terminer en plaçant la main gauche sur le cœur et la main droite au-dessus du diaphragme. Prendre 3 respirations profondes, laisser le sourire se placer sur ses lèvres.

10 min

Glowing bowl

Il y a beaucoup de théories sur le petit déjeuner... La seule à prendre en compte est de manger quand on a faim et ne pas se forcer ! Si votre appétit tarde à venir, l'idéal est d'apporter quelque chose sur votre lieu de travail.

Version bowl

- 100 à 200 g de yaourt (chèvre, brebis, soja, avoine, riz, coco...) selon votre appétit
- 200 à 300 g de fruits de saison, si possible des baies rouges fraîches ou congelées (framboises, mûres)
- 1 banane ou 1 c. à soupe de farine de coco
- 5 noix du Brésil – mes préférées – ou noix de Grenoble, noix de cajous, amandes ou noisettes (les oléagineux qui vous font plaisir) concassées ou 1 c. à café de purée d'amandes
- 1 c. à soupe de germes de blé

Mélanger le yaourt avec la farine de coco ou la banane écrasée. Disposer les fruits joliment et saupoudrer de germes de blé et d'oléagineux. Déguster en écoutant sa musique ou radio préférées.

Version smoothie

Mettre dans le blender 100 à 200 g de boisson végétale, les fruits et 1 c. à café de purée d'oléagineux (amandes, noix de cajou ou noisettes), 1 banane. Mixer et saupoudrer de germes de blé.

POUR UN PETIT DÉJ DÉTOX

Du végétal cru

Je suis réellement obsédée par le cru, absolument essentiel à ma vitalité. Je prépare toujours des saladiers énormes de légumes, oléagineux et herbes fraîches crus pour mes invités. Pour moi, le cru est la pierre angulaire de tous les repas. Si je n'ai pas le temps d'en prendre au petit déjeuner, je me jette sur un jus à mon arrivée à l'Atelier Nubio. C'est mon carburant.

Des bons gras et des protéines!

Les germes de blé (acide gras insaturé et vitamine E) et le pollen de cyste (digestion optimisée), par exemple, rendent mon petit déjeuner encore plus dense au niveau nutritionnel (sans effort!). Je suis une grande adepte de ces «superfoods» locales qui boostent les petits déjeuners au niveau nutritionnel et gustatif (et même esthétique!). Les oléagineux (noix, noisettes, noix de cajou...) sont très denses au niveau énergétique et nutritionnel. Ils apportent acides gras, protéines, omega-3 et fibres et font partie de tous mes petits déjeuners.

Rapide&varié!

Le matin n'est pas le moment où j'aime cuisiner. Je préfère avoir toujours un choix d'ingrédients frais, je pioche ceux qui me font envie pour des petits déjeuners variés chaque jour. Donc zéro cuisson (ou alors minimale à la casserole) pour le porridge. Pas de poêle, de four ou d'extracteur de jus le matin... je me cantonne au blender.

5 COMMANDEMENTS DU MATIN

Commandement n° 1 : hydratation

Il est essentiel de boire beaucoup d'eau pure le matin (au réveil ou un peu plus tard), pour bien se nettoyer et se réhydrater après une nuit de jeûne et de détox naturelle. J'opte pour un grand verre de 250 ml d'eau pure additionnée de quelques gouttes de citron et une théière de thé vert bio et légèrement infusé – je ne renie pas un petit stimulant le matin surtout s'il est parfumé et riche en antioxydants !

Commandement n° 2 : frugalité

Il est important de laisser à son corps 12 heures de jeûne – c'est-à-dire un repos digestif pendant la nuit. Si vous dînez tard le soir, retardez la prise du petit déjeuner. Je pars du principe qu'il est idéal de rompre doucement la détox de la nuit en proposant à son corps des petites quantités au petit déjeuner, mais cela dépend encore une fois de votre appétit et de votre rythme. Je pense également que notre corps et notre cerveau ont besoin d'un maximum d'énergie le matin et qu'il n'est pas bienvenu de mobiliser beaucoup d'énergie pour digérer.

Les déjeuners que je propose dans ce livre sont rapides, frugaux mais denses. Quand je sais que je vais faire du vélo dans le froid le matin, j'opte pour un petit déjeuner léger et un snack plus tard dans la matinée. Si vous prenez un petit déjeuner très copieux, faites le test d'un petit déjeuner plus léger (mais dense) et voyez si votre énergie est meilleure.

Commandement n° 3 : no sugar

Si vous êtes adeptes d'un petit déjeuner sucré (céréales sucrées/confiture), cette règle va vous changer la vie. Vous n'allez plus ressentir les fringales du milieu de la matinée (qui ont tendance à nous déconcentrer). Une datte, une figue sèche ou 1 c. à café de sucre de coco ou de miel sont de bonnes alternatives pour les accros au sucre ! (À ajouter aux recettes si vous les préférez plus sucrées…)

Commandement n° 4 : frais

Offrez à votre corps du frais le matin. Bien sûr, les fruits secs sont intéressants mais très concentrés en fructose. Le bon mix : beaucoup de frais et quelques fruits secs ! Préférer quelques noix ou amandes lors de petits creux. Mes favorites sont les noix du Brésil, riches en minéraux, vitamine E et en fibres. Je préfère aussi utiliser les fruits et légumes frais de saison aux produits surgelés. Je fais une exception pour les baies rouges dont je ne peux me passer hors saison (myrtilles, framboises, cassis).

Commandement n° 5 : certifié BIO

Le label bio est le garant de produits exempts de pesticides ! Et ces derniers sont les derniers que nous avons envie d'absorber pour commencer la journée.

RITUEL CLEAN

40 min

Pendant la nuit, le corps au repos en profite pour se détoxifier et se régénérer. Ce rituel complet explore différentes pratiques de détox physiques et mentales pour poursuivre le processus de détox de la nuit et se « décrasser » au sortir de l'hiver !

20 min

Oil pulling

C'est un rituel ayurvédique (médecine ancestrale indienne) simplissime qui a un impact immédiat sur l'hygiène buccale : les dents sont plus lisses, l'haleine plus fraîche et on obtient aussi des dents plus blanches (si on insiste un peu, après un mois de pratique environ). C'est aussi une pratique connue de nettoyage dans le sens où l'« oil pulling » permet de nettoyer la bouche de ses bactéries (qui ont un impact sur le bon fonctionnement de notre corps).

J'utilise de l'huile de coco, mais on peut utiliser de l'huile de sésame (bio, bien sûr).

Process : le matin, à jeun, mettre l'équivalent d'1 cuillerée à café d'huile de coco dans la bouche. Dès qu'elle a fondu, la faire circuler dans la bouche comme un « bain de bouche » pendant 20 minutes. Recracher l'huile (dans les toilettes), se rincer la bouche à l'eau tiède salée (ne pas avaler), se brosser soigneusement les dents et se laver la langue à l'aide d'un gratte-langue (voir rituel « GLOW »).

5 min

Brossage à sec

Je vous propose un autre petit rituel à la suite de l'oil pulling (ou en même temps si vous recherchez l'efficacité !) : le brossage à sec. Ce brossage aide la peau à mieux éliminer ! La peau est l'organe filtre le plus étendu :

- il permet d'obtenir une peau extrêmement douce qui assimile mieux les huiles lors du massage. Une utilisation prolongée peut même avoir un effet sur la cellulite indésirable ;
- dans tous les cas, c'est un massage tonique qui réveille et met de bonne humeur – même s'il peut paraître un peu intense au début (ajuster son geste !) ;
- il stimule aussi la circulation du sang et de la lymphe qui a un rôle important dans le nettoyage de notre corps.

Le meilleur moment pour le brossage à sec est le matin avant la douche (mais il m'arrive de le faire après une journée un peu intense et stressante aussi !). Se munir d'une brosse en base et poils naturels, spécifique pour le brossage à sec.

Commencer par les jambes avec des gestes doux, du bas vers le haut. Vous pouvez aussi partir de l'arrière du mollet et brosser vers l'avant. Idem pour les cuisses. Insister sur le haut des cuisses où les masses adipeuses ont tendance à trouver leur aise ! Les toxines sont stockées dans le gras. Le fait de se détoxifier permet aussi de se séparer des masses grasses. Ce qui ne veut pas dire de ne pas absorber de bons gras, au contraire !

J'effleure à peine, de façon circulaire, le ventre (mais vous pouvez insister davantage si cela vous est agréable – ma peau est assez fine et réactive, j'adoucis les gestes si elle rougit trop), puis je remonte avec des gestes plus longs du haut de la cuisse à l'aisselle (l'idée derrière ces mouvements est de faire circuler la lymphe vers les glandes lymphatiques situées au niveau de l'aine et des aisselles). De même, faire remonter la brosse des mains vers les épaules. Pour les réticent·e·s au brossage à sec ou pour une exfoliation douce, la brosse en racine de vetiver (dénichée à l'Officine Buly), à utiliser sous la douche, est un rituel très agréable et délicatement parfumé.

Après le brossage à sec, filer sous la douche, puis s'offrir un massage à l'huile de coco, de sésame ou d'argan ou au beurre de karité pur (si possible de l'huile tiède, le luxe absolu !) Sinon réchauffer l'huile au creux des mains avant de l'appliquer en mouvements doux et circulaires sur le corps.

5 min

Yoga : torsions douces

Au petit matin, nous sommes moins souples, il faut donc y aller doucement et laisser son corps se réveiller sans forcer.

Adopter une respiration abdominale par le nez « uttana bandha » (cf. rituel « GLOW »/Étirements p. 35). Avoir toujours en tête cette respiration qui décuple les effets des exercices !

Commencer sur le dos et replier les genoux sur le torse. Osciller

1

2

Faites les torsions doucement, sans forcer, en augmentant l'intensité au cours de la session, quand vous sentez le corps se réchauffer.

3

de droite à gauche afin d'offrir un petit massage au sacrum (zone de tension). Étendre la jambe gauche, replier le genou droit, le saisir avec la main gauche et l'attirer vers la gauche. Le bras droit est étendu vers la droite et la tête tournée vers la droite 1. Bien respirer «dans la torsion» (3 respirations complètes). Répéter le mouvement à droite.

Toujours sur le dos, passer les jambes derrière la tête (posture de la charrue – on peut poser les genoux de part et d'autre de la tête si on est assez souple) 2. Les bras alignés avec le corps sur le sol, mains à plat. Maintenir cette posture pendant 3 respirations complètes, puis saisir avec les pouces et index les gros orteils des pieds pour s'asseoir. Étirer les jambes en pince (vous n'arriverez peut-être pas à tendre complètement les jambes au début, mais la souplesse viendra peu à peu).

Avec l'élan, croiser les tibias et passer en position assise : jambe gauche tendue contre le sol, jambe droite pliée (pied à plat contre le sol). Dos bien droit (et nuque droite), tourner le torse vers la droite et poser son coude gauche contre le bord externe du genou droit 3. L'avant-bras est bien tendu vers le haut. Se servir de cette opposition pour donner plus d'intensité à la torsion. Répéter le mouvement à gauche.

Passer à genoux, croiser les jambes et s'asseoir entre ses pieds (voir illustration). Étirer tout le côté gauche. Poser l'avant-bras droit sur la droite, lever le bras gauche et l'étirer dans le prolongement du cou. Recommencer à droite. Puis changer le croisement des jambes et reproduire les étirements de chaque côté.

Puis à quatre pattes, enchaîner plusieurs fois la posture du chat (voir illustration). Inspiration (dos creux), expiration (dos rond), dans le flow, sans forcer ni réfléchir. 4 enchaînements ①.

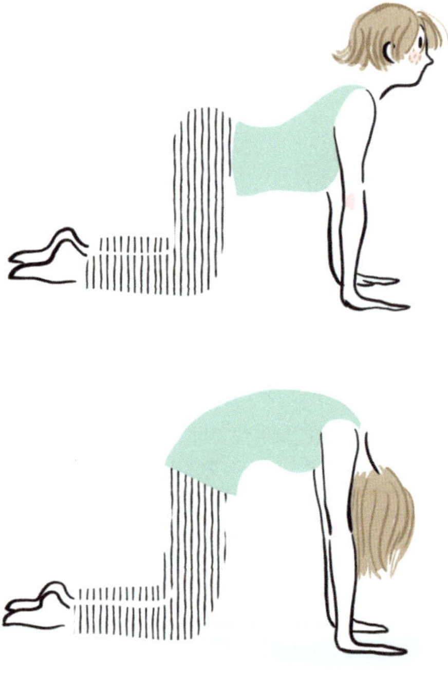

①

Avancer le pied droit entre les mains (le genou gauche reste à terre). Les mains sont à plat de part et d'autre du pied. Soulever le bras gauche tendu vers le ciel, tourner la tête et le torse vers le plafond. Idem à droite ② (main gauche à plat, bras droit et partie haute du corps face au plafond).

2

3

Changer de pied entre les mains et répéter le mouvement à droite et à gauche.

Terminer en posture de l'enfant dynamique 3. À partir de la posture à quatre pattes, écarter les genoux et étirer les bras sur le sol, le front posé sur le sol, les épaules détendues, le bassin lourd attiré vers le sol. Étirer jusqu'au bout des doigts.

10 min

Green detox smoothie

La chlorophylle (pigment vert des plantes) est un puissant détoxifiant ! D'où l'association du « vert » à tout produit détox. Plus généralement, ce sont les légumes verts (et tout particulièrement les légumes à feuilles vert sombre) qui sont les plus riches en micronutriments.

Recette du smoothie (pour 500 ml)

- 200 ml d'infusion à froid d'orties séchées (les orties séchées sont très faciles à trouver en boutique bio)
- 2 brins de kale (uniquement les feuilles)
- 1 grande poignée de pousses d'épinards
- 1 c. à soupe de graines de chia ou de purée d'amandes ou ¼ d'avocat bien mûr
- 1 kiwi
- 1 pomme ou 1 poire
- 1 tige de céleri ou ½ fenouil
- ½ citron
- 1 c. à café rase de chlorelle
- Facultatif : pollen de cyste en topping

Infuser à froid les feuilles d'ortie séchées dans de l'eau minérale pendant 2 à 3 heures (ou toute la nuit). Filtrer et mettre l'infusion et tous les ingrédients dans un blender. Si vous utilisez les graines de chia, laissez-les gonfler 5 minutes avant de déguster ! Saupoudrer de pollen de cyste.

POINT SUR LES SUPERFOODS

Les « superfoods » sont des aliments très denses nutritionnellement. Chaque superfood a ses propriétés et une concentration en certains nutriments.

Ils peuvent être considérés comme des remèdes (pour se guérir de certaines carences ou renforcer certaines fonctions de notre organisme). Il faut, dans ce cas, les prendre en « cure » pendant une durée bien déterminée.

Ils peuvent aussi être utilisés de façon plus « récréative » et servent à augmenter la richesse nutritionnelle de vos préparations. Néanmoins, une « pincée » de superfoods ne fera pas de miracle !

ASTUCES POUR VOS SMOOTHIES

- Boostez-les grâce à des poudres de « superfood » comme la chlorelle, la spiruline ou la clamath. Si vous n'aimez pas le goût, apprivoisez votre palais à toutes petites doses !
- Associez les légumes verts à un peu de bons gras pour mieux assimiler les nutriments.
- Utilisez plus de légumes que de fruits afin de réduire l'apport en sucres.
- Prenez une base d'infusion de plantes (qui ont des propriétés intéressantes), plutôt que de jus de fruits.
- Lors d'une escapade à la campagne, profitez-en pour ramasser des plantes sauvages comme les orties, la bourrache, l'ail des ours, le pissenlit... ce sont des superfoods locales !

LES RITUELS DE **l'été**

L'été est la saison chaude dans nos pays de l'hémisphère nord. Elle est associée au dosha « Pitta » (= feu) en Ayurveda. Profitons de cette énergie solaire de l'été et testons de nouvelles pratiques matinales ! Nous sommes aussi plus détendu·e·s l'été et avons l'esprit plus libre, c'est le moment d'adopter de nouvelles habitudes qui nous accompagneront le reste de l'année…

Le challenge le plus important est de répéter la pratique assez longtemps pour en faire une routine. On n'y réfléchit plus, on le fait et c'est tout. Le temps qui va vous être nécessaire pour adopter de nouvelles habitudes dépend de nombreux facteurs, notamment de votre résistance au changement !

Profitons l'été des rythmes plus souples pour lâcher prise sur nos vieilles habitudes et en embrasser de nouvelles !

RITUEL TONIQUE

20 min

Les premiers beaux jours s'accompagnent d'un regain d'énergie naturel – et de l'envie de sortir les petites robes d'été. Ce rituel a pour but d'embrasser l'énergie estivale tout en nous gainant en douceur et en profondeur.

10 min

Yoga cardio/abdos

Le plus efficace à mon sens pour arborer un ventre plat est de gainer au maximum son ventre ou « uttana bandha » (cf. Rituel « GLOW »/Yoga torsion p. 35) notamment lorsque l'on marche, mais aussi quand on est debout (dans le métro par exemple ou dans une queue) ou même assis.

C'est extrêmement rémunérateur ! Vous pouvez aussi y associer une contraction du périnée. L'association « uttana bandha » en pleine conscience avec une respiration profonde qui crée de l'espace, est la clé d'un ventre gainé et d'une bonne oxygénation. Je vous suggère de le pratiquer partout et tous les jours !

Je vous propose d'associer le petit exercice d'abdos qui suit à une visualisation. Imaginons-nous sur la plage ou en vêtements d'été, beau·elle et souriant·e, en un mot : « solaire ». Je suggère aussi de se concentrer sur la respiration, en « inspirant la belle énergie du soleil » et en « expirant » « tout ce dont on n'a pas besoin ». Objectif : ventre gainé et mental fort (tout se passe dans la tête encore une fois) !

Adopter « uttana bandha » (cf. Rituel « GLOW »/Étirements p. 35). Avoir toujours en tête que c'est cette respiration qui décuple les effets des exercices !

À quatre pattes (les mains bien à plat, les poignets alignés avec les épaules). À l'inspir, lever la jambe droite et le bras gauche parallèles au sol, à l'expir, le front touche le genou droit et

1

En fait, la respiration abdominale est un gainant naturel : à l'inspiration, on relâche légèrement le ventre et à l'expiration, on le gaine plus fort. Il suffit de l'avoir en tête pendant quelques jours, puis vous le ferez naturellement.

le coude gauche 1. Garder son équilibre le ventre gainé. Répéter 10 fois. Et changer de côté.

Assis·e, bien se positionner sur les ischions (il peut être utile de dégager la « chair des fesses » pour bien s'ancrer) et basculer sur l'arrière des fesses en décollant les jambes. Bien gainer et conserver un dos bien droit. Replier les genoux vers le torse et positionner les jambes en « tablette » 2 (les cuisses et les tibias forment un angle droit) ou (c'est plus intense) les tendre. Les bras sont bas, tendus et parallèles au sol, paumes

Profitons de cette belle énergie
pour se mettre dans le rythme.

2

3

vers le haut. Maintenir la posture une dizaine de respirations et relâcher les bras et les jambes.

Sur le dos (bien à plat, ne pas cambrer), ventre bien gainé et souple, les deux jambes tendues vers le haut, pieds flex. À l'inspir, descendre la jambe droite, pied en pointe le plus proche du sol et la remonter à l'expir (3). Répéter 10 fois le mouvement à droite puis à gauche.

Variante 1 : baisser la jambe en 8 temps, maintenir 8 temps en bas et remonter en 8 temps.

Variante 2 : une jambe tendue vers le haut, pied flex, faire 5 petits cercles avec la jambe tendue au ras du sol puis inverser le sens des petits cercles. Efficace.

Variante 3 : les deux jambes tendues comme attachées ensemble, faire 10 grands cercles (amplitude maximum jusqu'à frôler le sol). Inverser le sens des cercles.

Terminer en posture de l'enfant dynamique (cf. rituel « CLEAN »/ Yoga torsions p. 51).

5
min

Tartine au houmous

Une recette exquise pour laquelle je serais prête à faire toutes les séances d'abdos du monde ! Je suis plutôt attirée par les saveurs douces et sucrées au petit déjeuner mais l'été, quand je petit-déjeune plus tard et après une petite pratique sportive, je suis tout à fait partante pour du salé !

- 3 c. à soupe de pois chiches bien cuits (ou de lentilles vertes ou de haricots rouges/blancs bien cuits)
- 1 c. à café de tahini (purée de sésame) ou 1 c. à café de purée d'amandes
- 1 c. à soupe de jus citron
- 1 carotte bio « râpée » à l'économe tout simple (il suffit d'éplucher votre carotte pour obtenir de belles spirales très esthétiques ou à la mandoline si vous êtes bien équipée. Plus les légumes crus sont râpés fins et plus ils sont agréables en bouche (et esthétiques !)
- 1 belle tranche de pain complet au levain (ou deux/trois tartines de « pain des fleurs » au sarrasin sans gluten)
- Gomasio (sel de sésame)
- Spiruline ou algues en paillettes
- Persil plat
- Quelques gouttes de citron et d'huile vierge (olive, cameline, sésame)
- Le must (si vous trouvez !) : des petites asperges sauvages ou des artichauts poivrades coupés très fins

Mixer (ou écraser à la fourchette) les pois chiches, le tahini et le jus de citron. Toaster (facultatif) le pain et tartiner de houmous. Parsemer de spirales de carottes et saupoudrer de gomasio, algues et persil. Terminer par quelques asperges finement taillées et quelques gouttes d'huile.

POINT SUR LE PAIN

L'appellation « pain » recouvre de nombreux produits qui n'ont que le nom en commun… Le « pain » peut être un « produit » banal sans aucun intérêt ni gustatif ni nutritionnel (au contraire !) ou bien le résultat de beaucoup de passion et de savoir-faire. Mes parents font partie des premiers adhérents bio de ma petite ville natale et la raison principale était le pain, qu'ils souhaitaient bio, au levain et goûteux pendant plusieurs jours ! Il n'y avait jamais de baguette chez moi. J'ai reçu le goût du pain au levain, fabriqué à partir de farines de blé ancien (pauvre en gluten) à fermentation longue (plus digeste et aromatique).

J'ai récemment rencontré Appolonia Poilâne qui est à la tête d'une très belle maison familiale et qui porte la passion du pain en héritage : former un mitron prend plus de 9 mois ! Chaque pain est levé pendant des heures afin, de développer un arôme enivrant de châtaigne. Alors : oui au vrai pain au levain pétri et façonné à la main par le boulanger (c'est un très beau métier), non au pain blanc riche en gluten et *vade retro* pain industriel sous cellophane !

5
min

Écriture

J'ai longtemps utilisé l'écriture en fin de journée (afin de coucher sur papier ma « gratitude du soir »), mais ma détermination diminuant avec les heures tardives, je préfère m'adonner à quelques minutes d'écriture le matin. Le meilleur moment pour moi est de le faire après avoir lu ou médité, mes idées sont claires et fusent.

Qu'écrire dans son journal ? Ce dont vous avez envie ! Il y a beaucoup de méthodes de « journaling » comme le « bullet journal » ou « bujo » que vous pouvez explorer. Étant une quasi maniaque des listes, j'ai dans un premier temps pris un plaisir fou à faire un bullet journal (tentez l'expérience !). Aujourd'hui, j'ai réduit drastiquement mes to-do lists depuis que j'ai travaillé sur ma vision (visualiser ma vie dans 10 ans). C'était un travail très difficile pour moi, car j'avais identifié qu'il me fallait plutôt profiter de ce que j'avais (gratitude) plutôt que d'espérer autre chose. C'était un leurre ! Le fait d'avoir écrit ma vision en détail m'a aidée à prendre de la hauteur sur l'allocation de mon temps.

Je me concentre beaucoup mieux aujourd'hui sur les actions qui me permettent de me rapprocher de ma vision – et cesse de me stresser et de me diluer dans les dizaines de microtâches que je m'assignais quotidiennement. J'écris chaque jour dans mon journal les actions qui me permettent de me rapprocher de ma vision. Le matin, je vous propose de prendre 5 minutes (chronométrer) pour écrire toutes vos pensées. C'est une étape fondamentale pour identifier les pensées négatives qui tournent sans cesse dans votre tête et sur lesquelles il faut travailler (cf. p. 25).

Le fait d'écrire simplement ses pensées sur un cahier aide naturellement à ralentir la réflexion à vide.

Mes meilleures idées surgissent souvent pendant la méditation et il m'arrive de me lever de mon ballon pour les noter !

MA VISION

Je l'écris en début de chaque nouveau cahier et elle me sert d'inspiration pour mon journal du quotidien. Elle comprend les éléments suivants :

- les 12 choses que j'aime chez moi (cf. p. 25) ;
- les pensées négatives sur lesquelles je dois travailler (cf. p. 25) ;
- bien-être/soin de soi (santé/sport/beauté) : mes grands principes pour être en forme et rayonnante ;
- temps pour moi : les compétences que je veux développer ou les domaines auxquels je veux consacrer plus de temps.

Ce qui compte pour moi & mes rêves (The Sky is the limit !)

- ma vocation (travail/mission) : qu'ai-je envie de construire au travail, de transmettre, d'apprendre ? Quelle est ma vision à 10 ans de ma carrière, de mon entreprise ? ;
- ma famille, mes amis, mes relations avec les autres et la communauté : quel genre de mère serai-je dans 10 ans ? Que vais-je faire pour améliorer le quotidien de mes proches, de la communauté.

RITUEL SOLAIRE

40 min

Célébrons l'astre solaire
à l'origine de la vie !
Le must est de faire ce rituel
sur une terrasse au lever du soleil
(appliquer dans ce cas un filtre
solaire SPF 20 minimum – même
si vous saluez le soleil, ne vous
laissez pas brûler par ses rayons).
Si cela n'est pas possible
de pratiquer à l'extérieur,
essayez de visualiser
le paysage vert dont vous rêveriez
depuis chez vous !

5
min

Nauli: massage abdominal

Je vous propose un petit rituel ayurvédique (cette médecine indienne ancestrale donne une grande place au « lever » et m'inspire beaucoup).

À ne pas pratiquer si vous êtes enceinte.

« Nauli », est une pratique plutôt « avancée » mais je l'aime tellement que j'ai décidé de la partager ici (comme une initiation). Si je n'ai le temps que d'une pratique, c'est elle que je privilégie. Elle permet aussi de booster la lucidité et les pensées positives ! Je ne la manque jamais.

L'Ayurveda recommande d'évacuer le matin au lever (petit moment glamour – mais en tant que fondatrice d'une marque de détox, je n'ai aucun problème à parler « guts » et « digestion », d'autant plus que c'est une problématique récurrente de mes client·e·s ! Detox is a Dirty Job). « Nauli » est un massage abdominal qui a pour but de faciliter l'évacuation des selles !

« Nauli » est à pratiquer à jeun en rétention d'air. Faites quelques inspirations profondes par le nez. Avant de débuter, inspirez par le nez, expirez à fond par la bouche et fléchissez les jambes, les mains sur les cuisses (c'est plus facile ainsi). En rétention, rentrez au maximum le ventre sous les côtes. Relevez votre tee-shirt pour bien voir votre ventre. Vous pouvez légèrement bouger les hanches pour faciliter. En gardant cette posture, essayez de mouvoir vos muscles abdominaux. Quand vous en ressentez le besoin, baissez totalement la tête puis inspirez et relevez-vous doucement. Répétez le massage 4 ou 5 fois.

5 min

Méditation

Voir rituel « GLOW » p. 41 J'ai volontairement inséré des petites sessions de méditation dans de nombreux rituels, car il est essentiel de s'aménager chaque matin un petit temps en silence. Il est aussi important de s'exercer pour faire de la méditation une habitude (et en ressentir les bienfaits qui sont très nombreux : concentration, détermination, créativité, patience…). Si vous n'aimez pas méditer (ou que ce n'est pas le bon moment pour vous), vous pouvez consacrer ce temps à la lecture en silence, dont les bienfaits sont également nombreux.

10 min

Yoga flow

Cet enchaînement de postures (ou « asanas ») a pour objectif de nous mettre en phase avec la saison, fluide et chaude. Nous sommes un peu raides le matin, donc, ne pas forcer les postures. La musique est plus que bienvenue pour accompagner votre flow – concoctez-vous une playlist entraînante !

Vous finirez par mémoriser les postures après quelques pratiques !

Adopter « uttana bandha » (cf. rituel « Glow »/Étirements p. 35). Avoir toujours en tête que c'est cette respiration qui décuple les effets des exercices !

Salutation au soleil version A

Debout à l'avant du tapis, gros orteils collés ensemble ou pieds écartés à la largeur des hanches, mains en prière au niveau de la poitrine 1, inspirer profondément en étirant les bras au maximum de part et d'autre de la tête 2. À l'expir, plonger vers l'avant, poitrine ouverte.

1

2

3

4

Laisser tomber la tête, le front touche les genoux 3 (on peut fléchir les genoux si besoin). Inspirer dos droit, on étire la colonne, à l'expir on passe en planche 4 (un pied après l'autre ou on « saute » directement en planche).

À l'expir on maintient les coudes bien serrés contre le corps, on fléchit les bras, poitrine vers le sol en premier 5 (le bassin ne touche pas le sol) et à l'inspir on passe en «cobra» 6 ou en «chien tête en haut». On peut aussi poser les genoux à terre, surtout dans les premières séries.

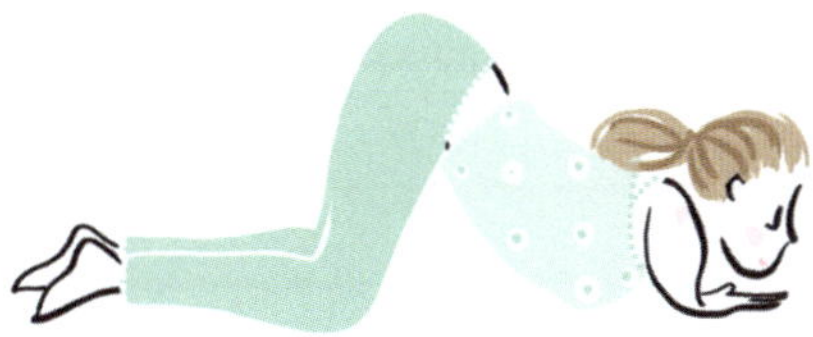

5

6

7

- « Cobra » : les avants-bras sont sur le sol, mains à plat au niveau de la poitrine ; on ouvre la poitrine, épaules en arrière, on regarde le plafond. Les cuisses restent bien sur le sol.
- « Chien tête en haut » : on positionne les mains plus bas au niveau des hanches. On soulève les cuisses du sol en ouvrant la poitrine, épaules en arrière. On regarde le plafond.

La transition entre la planche et le « chien tête en haut » nécessite une bonne tonicité des bras et un bon gainage pour contrôler la descente et ne pas s'affaisser. C'est bien la poitrine qui doit être en premier, le bassin ne doit pas toucher le sol. Cette transition s'appelle « vinyasa » (qui a donné son nom à la pratique dynamique du « Yoga Vinyasa ». Courbatures intenses aux épaules prévues pour les non-initié·e·s après une pratique découverte !).

Du « cobra » ou « chien tête en haut », inspirer et basculer (sans modifier la position des mains ou des pieds) en « chien tête en bas » ou « v » à l'envers 7. Les mains sont à plat sur le sol (doigts bien écartés afin d'avoir le maximum de contact avec le sol et pouvoir bien se reposer). Les jambes sont également tendues, talons vers le sol. C'est une posture très importante dans le yoga (et le flow en particulier).

C'est à la fois une posture de transition, d'étirement et de repos (rester quelques respirations en « chien tête en bas » si l'on manque de souffle). Dans cette posture, il faut « rouler les bras vers l'extérieur » (avec comme vision que l'intérieur des coudes fasse face au mur devant. C'est très important afin de renforcer le haut du corps et nous préparer aux postures plus initiées).

À l'expir, ramener les pieds l'un après l'autre (ou sauter à pieds joints) entre les mains. Inspirer dos droit en étirant la colonne. Expirer, le front sur les genoux (fléchis si besoin, on relâche la tête). À l'inspir, se redresser dos droit, bras tendus de chaque côté du corps avant de rejoindre les mains en prière.

Salutation au soleil version B à pratiquer une fois que vous avez bien mémorisé la version A

Debout à l'avant du tapis, pieds bien ancrés dans le sol, partir à l'inspir de la posture d'«Uutkatasana», la chaise : gros orteils et genoux collés ensemble et fléchis, mains jointes dos droit, abdominaux engagés.

Les bras sont tendus vers l'arrière au départ et remontent de part et d'autre, le bout des doigts frôle le sol (ce mouvement permet de vous indiquer si vous êtes assez fléchi – c'est une position intense pour les abdos), les mains se joignent en prière et les bras sont tendus vers le haut en arrière.

À l'expir, plonger vers l'avant, front sur les genoux et enchaîner les mêmes mouvements que dans la Salutation A (inpir dos droit, expir planche, inspiration «cobra» ou «chien tête en haut», expiration «chien tête en bas»). À l'inspir on ramène le pied droit entre les mains en fente haute (bras tendus vers le haut de part et d'autre du corps, visage tourné vers le plafond), à l'expir, on passe en planche puis on inspire en «cobra» ou «chien tête en haut» (=vinyasa).

À l'expir, on passe en «chien tête en bas» et à l'inspir fente haute avec le pied gauche entre les mains cette fois, on répète le «vinyasa» (planche/«cobra» ou «chien tête en haut») jusqu'au «chien tête en bas», on ramène cette fois les deux pieds entre les mains, on étire la colonne à l'inspir, à l'expir front contre les genoux, et à l'inspir on se remet en chaise et on recommence la série !

Enchaîner 3-4 salutations A et 3-4 Salutations B.

Inutile de connaître par cœur la salutation au soleil pour bénéficier des bienfaits de cet enchaînement, l'essentiel est que cela soit fluide et harmonieux, comme une chorégraphie (aucun puriste ne vous en voudra !).

NAMASTÉ

J'aime beaucoup la signification de ce terme qui signifie « La lumière en moi reconnaît la lumière en toi ». « Namasté » est donc toujours adressée par une personne à une autre personne, les mains en prière, pouces sur la poitrine. Le rituel complet à la fin de la pratique est (avec les mains en prière) : appliquer les pouces sur le front au niveau du troisième œil (pour « des idées claires »), puis sur la bouche (« des mots justes ») et sur le cœur (« des actions en harmonie avec mes mots et mes idées »). C'est parfait pour appliquer son intention du matin !

10
min

Sunny smoothie

Chez moi, la corbeille de fruits déborde quelle que soit la saison, mais tout particulièrement l'été. J'ai une réelle obsession pour les fruits rouges (que j'aime tellement que ce sont les seuls fruits que j'achète surgelés hors saison!). J'aime tout particulièrement les framboises (le jardin de ma grand-mère regorgeait de grosses framboises de jardin au goût très intense, excellentes en coulis) – et il paraît que je ramassais (et mangeais bien sûr) des myrtilles avant même de savoir marcher (j'avais le sens des priorités à cet âge-là!). Ces petites baies rouges (myrtilles, framboises, mûres, cassis) sont super-antioxydantes – et exquises.

Recette sunny smoothie

- 200 ml d'infusion à froid de feuilles d'hibiscus séchées, très faciles à trouver en boutique bio. Vous pouvez aussi utiliser de l'infusion à chaud refroidie.
- 1 yaourt de coco (ou de riz ou de soja ou, si vous aimez, de brebis ou de chèvre – on choisit toujours le lait des plus petits animaux dont la composition nous convient mieux - et bio bien évidemment!)
- ¼ de betterave crue bien brossée et épluchée
- 1 poignée de framboises/mûres ou myrtilles
- 1 c. à café de purée d'amandes
- 1 c. à soupe de graines de lin (une «superfood» locale et peu chère!)

- 1cm de gingembre gratté
- ½ citron

Décoration : feuilles de menthe

Infuser à froid les feuilles d'hibiscus séchées dans de l'eau minérale pendant 2 à 3 heures (ou toute la nuit). Filtrer et mettre l'infusion et tous les ingrédients dans un blender. Mixer, décorer de feuilles de menthe et déguster.

En toute saison, il est essentiel de bien s'hydrater, surtout le matin ! Je bois toujours un grand verre d'eau pure avant toute chose (parfois agrémentée d'un peu de citron, cf. encadré sur le « Hot Lemon »). Pour éviter le café, je me prépare des litres d'infusion, à boire plutôt à température ambiante ou légèrement fraîche que glacée.

C'est le petit déjeuner idéal après le Yoga flow.

Ma recette d'eau infusée estivale (pour 1 litre d'eau)

Infuser à chaud (c'est plus rapide) une dizaine de minutes ou à froid deux à trois heures une poignée de feuilles entières de verveine bio (du jardin !).

- Lorsque le breuvage a refroidi, ajouter une pêche en quartiers et une poignée de framboises ou de groseilles. On peut ajouter un peu de miel de lavande pour plus de gourmandise.
- Boire à température ambiante ou légèrement frais.

10
min

Baume déodorant maison

J'ai banni les déodorants au sel d'aluminium depuis longtemps sans avoir réussi à trouver une formule satisfaisante dans le commerce : soit les déos testés étaient inefficaces, soit la formule n'était pas assez douce pour ma peau réactive.

Voici ma recette (compilation de plusieurs recettes trouvées sur Internet) qui ne fond pas si les températures augmentent. Je le conserve dans un petit pot et l'applique avec les doigt, mais vous pouvez le placer dans un contenant « stick » si vous préférez (mais pas un « roll on », car la texture de ce baume ne convient pas).

Tous les ingrédients se trouvent en boutique bio ou sur Internet (pour la cire en pastilles).

- 50 g d'huile de noix de coco
- 5 g de cire d'abeille en pastilles
- 30 g de bicarbonate de soude (ultrafin)
- 20 g d'arrow-root
- 5 gouttes d'huile essentielle ou un mix de plusieurs (lavande, palmarosa...)

Faire fondre à feu doux l'huile de coco et la cire dans une petite casserole. La verser dans le pot que vous avez choisi (après l'avoir stérilisé à l'eau bouillante) et ajouter les autres ingrédients. Bien fermer le contenant et secouer (ou mélanger à la fourchette).

LES RITUELS DE **l'automne**

L'automne est une saison
très particulière que nous avons tendance
à associer à beaucoup de contraintes.
C'est la fin des vacances et la « rentrée ».
Je trouve que le mot « rentrée » me pollue
et je ne l'utilise jamais ! Afin de conserver
au maximum sa belle énergie
de l'été et entrer doucement dans l'automne,
il est essentiel de passer beaucoup
de temps dans la nature qui est
apaisante à cette saison.

Notre corps et notre cerveau enregistrent
des parfums, des couleurs, des bruits relaxants.
Au moment de la saison automnale, j'ai envie de m'apaiser
et de commencer à me préparer à l'hiver.
Pour autant, il n'est pas question de se replier sur soi
et de s'amollir. On prend soin de soi et on se bouge pour
affronter la saison froide avec une belle énergie.
Mon motto : « s'appliquer une pression
douce et constante » !

RITUEL RELAX

20 min

L'entrée dans la saison froide est associée à un besoin de réconfort. Ce rituel associe souplesse, détente et gourmandise…

7
min

Méditation

Voir rituel « GLOW » (p. 41) C'est aussi un moment dédié à l'inspiration naturelle – les meilleures idées me viennent toujours depuis mon ballon de méditation ! Essayer peu à peu d'augmenter le temps de méditation, de 5 à 7, puis 10 à 15 minutes pour commencer. Il existe beaucoup de méditations guidées sur Internet, ainsi que des retraites Vipassana (méditation pendant plusieurs jours). Je ne me sens pas encore prête pour cette expérience, mais je pratique avec l'objectif de devenir un petit yogi du quotidien, tout en ayant conscience qu'il me faudra encore des centaines d'heures de méditation afin d'atteindre peut-être un jour l' « éveil »...

Je choisis avec soin mon intention de la séance. Si je me sens agitée ou nerveuse par exemple, je rythme mes respirations par « j'inspire la paix, j'expire l'anxiété, etc. ».

8
min

Yoga Yin

Le Yin est une pratique douce du yoga qui permet de s'assouplir. Plus vous vous laisserez « aller » dans les étirements et plus vous progresserez en yoga Yin. Cette pratique est idéale le week-end quand on se réveille plus tard.

J'aime tout particulièrement la pratiquer le dimanche matin quand le reste de la maison dort encore...

Ma pratique favorite comprend automassage énergique, respiration du feu (cf. Rituel « HOT » p. 115) et m'étirer avant de commencer cette pratique le matin (cf. Étirements du rituel « GLOW » ou quelques torsions cf. Yoga Torsion du rituel « CLEAN » p. 51).

Adopter une respiration abdominale par le nez « uttana bandha » (cf. p. 35).

C'est une forme de yoga très adaptée
à l'automne quand notre énergie baisse.

❶

❷

Débuter assise, les jambes écartées au maximum. À l'inspir : lever les bras de chaque côté de la tête, tendus au maximum jusqu'au bout des doigts. Bien étirer la colonne et la taille. À l'expir, saisir des deux mains le pied gauche (ou la cheville ou le mollet selon la souplesse) ❶ tout en effectuant une rotation de tout le buste vers le haut (torsion). Étirer à la fois le flanc droit et le flanc gauche. Ressentir et respirer dans l'étirement pendant 4 respirations complètes. Répéter le mouvement à droite.

Passer à quatre pattes puis en « chien tête en bas » (cf. Yoga flow - rituel « SOLAIRE » p. 73). Tendre la jambe droite vers le haut puis glisser le genou droit sur le sol juste derrière les poignets. Le pied est flex pour protéger le genou, la cheville reste souple. Poser à terre le genou gauche en étendant bien le tibia gauche et la cheville, pied en pointe puis couché sur le sol. Poser le bout des doigts sur le sol de part et d'autre du genou droit plié, bien étirer la colonne puis descendre, dos droit (étirer au maximum les deux flancs). Les bras sont tendus vers l'avant, mais à plat sur le sol. Le front s'approche ou se pose sur le sol ❷ (on peut utiliser une brique si on ne descend pas facilement jusqu'au sol ou rester à mi-hauteur). Rester 5 à 10 respirations complètes et en pleine conscience dans cette posture. Ressentir l'étirement (cela peut être extrêmement inconfortable, se laisser aller dans l'étirement. Si c'est intenable, défaire la posture). On peut ressentir une variété d'émotions allant de la colère à la détente absolue !) Défaire la posture et se remettre en « chien tête en bas » (bien étirer la jambe vers le haut qui était pliée) puis répéter à gauche.

Enchaîner par la contre-posture du « chameau » ❸. Cette posture permet d'activer la glande thyroïde et est tout à fait indiquée en cas de déséquilibres hormonaux (ou pour lutter contre le syndrome prémenstruel !)

❸

À genou en position haute, jambes jointes ou légèrement écartées. Les pieds sont couchés sur le sol (ou les orteils retournés – la posture est un peu plus facile). Bien gainer le ventre (pour protéger le dos), inspirer en ouvrant la poitrine et placer les deux mains à plat au niveau des reins. Relâcher la tête vers l'arrière si c'est agréable pour vous. Si vous êtes assez souple, saisir les talons avec les mains. Respirer 4 respirations complètes et en pleine conscience dans la posture.

Terminer la session de yoga avec la posture du «poisson». Sur le dos, les jambes repliées en demi-lotus (ou en lotus si vous êtes très souple). Les bras sont derrière la tête, chaque coude dans la main opposée. Effectuer une légère rétroversion du bassin, avant de laisser le poids des genoux ouvrir les hanches ❹. Respirer 4 respirations complètes en pleine conscience dans la posture.

❹

POINT SUR LE STRESS

Le stress serait responsable de tous nos maux! Il est à mon sens une priorité de s'atteler à réduire le stress chronique qui met notre corps et notre mental à rude épreuve. Il est en revanche irréaliste (et même non souhaité) de chercher à éliminer le stress ponctuel du quotidien. En effet, les petites bouffées d'adrénaline donnent du piment au quotidien. L'important est de savoir se relaxer après une journée trépidante.

Les résultats suivants d'une étude sur le stress m'ont décidée à accepter pour de bon le stress – et je le vis très bien :

30 000 Américains ont été interviewés et suivis pendant 8 ans. La question qui leur a été posée pendant l'étude était l'intensité de stress qu'ils ressentaient au quotidien et s'ils pensaient que ce stress était nocif pour leur santé.

Au bout des 8 ans, les statistiques de décès ont été vérifiées et le bilan était le suivant : ceux qui ont subi beaucoup de stress et pensaient que ce stress leur était néfaste encouraient un risque de décès de 43 % supérieur à la moyenne. Ceux qui ressentaient beaucoup de stress au quotidien sans pour autant le considérer comme nuisible jouissaient d'un meilleur état de santé, plus encore que ceux qui vivaient régulièrement un minimum de stress.

5
min

Comfort porridge

C'est une recette ultrasimple et gourmande qui peut me tirer du lit : l'énergie de la gourmandise ! J'aime aussi le fait de la customiser de façon différente chaque matin – si comme moi votre placard regorge de purées d'oléagineux toutes exquises et de chocolat très fort en cacao ! Je trouve le porridge plus crémeux, rapide et digeste quand les flocons sont mis à tremper le soir.

La base

La veille, mettre 4 c. à soupe de petits flocons d'avoine bio (ou de sarrasin) avec quelques fruits secs dans un très joli bol (j'aime beaucoup la céramiste bretonne Nathalie Dérouet, le porridge est encore plus réconfortant quand il est dégusté dans un joli bol !), 1 c. à soupe de raisins secs, soit l'équivalent d'abricots secs, dattes ou figues sèches coupées en dés. Je recouvre d'eau. J'aime beaucoup ajouter des framboises, donc, hors saison, je mets dans un petit bol les framboises surgelées la veille pour les laisser décongeler doucement à température ambiante.

Le matin

Le matin même, je mets les flocons hydratés à cuire dans une casserole à feu doux avec des épices ayurvédiques (cannelle, cardamome, anis vert, gingembre pour se réchauffer et curcuma si on aime), j'ajoute 20 cl de lait d'amande frais (ou à défaut une boisson végétale en pack) et je laisse mijoter jusqu'à ce que la consistance me plaise (je l'aime bien crémeux).

POINT SUR LES ÉPICES AYURVÉDIQUES

En Ayurveda, les épices sont utilisées au quotidien et servent à équilibrer les «doshas» (les «doshas» varient d'une personne à l'autre et au cours de la vie, des situations, des saisons, etc.). L'objectif est d'équilibrer les «doshas». L'utilisation des épices ayurvédiques ne nécessite pas nécessairement une grande connaissance des principes ayurvédiques. Il est simplement recommandé aux personnes trop nerveuses d'éviter les plats pimentés.

Épices « échauffantes » : clou de girofle, cardamome, poivre noir, gingembre, muscade, curcuma, cumin.

Épices « rafraîchissantes » : fenouil, coriandre.

Les topping (au choix, à mixer)

- 1 carré de chocolat bio et cru ou très riche en chocolat (90 % ou… 100 % - j'adore !) qui va fondre dans le porridge encore chaud…
- Des framboises (ou autres baies rouges) très antioxydantes et faiblement sucrées
- 1 petite banane en rondelles (sucrée, douce et nourrissante)
- 1 c. à café de purée d'amandes ou 1 c. à café de germes de blé (j'aime leur petit goût de noisette et leur richesse en oméga-3)
- ½ c. à café de miel cru ou de sirop d'érable

En cas de petite faim (mon appétit met un peu de temps à se réveiller le matin) – ou de trop grande portion de porridge, j'en remplis un petit bocal que j'emporte pour la pause de 11 h ou pour mon dessert de midi. Le porridge crémeux et les strates chocolat/framboises font des envieux·ses) à l'atelier !

RITUEL **HARMONIE**

40 min

Ce rituel tout en douceur nous aide à nous ancrer dans la saison froide et à puiser notre énergie dans la terre grâce à une série de postures de yoga d'équilibre, accessibles même aux novices et aux moins souples ! Progression rapide et satisfaction garanties !

5
min

Brossage à sec

Voir rituel « CLEAN » (p. 50)

10
min

Méditation

Voir rituel « GLOW » (p. 41) Prolonger la session à 10 minutes. Je vous recommande de tenir un « journal de méditation » afin de progresser dans cette pratique.

Quelle était votre intention aujourd'hui ? Était-ce plus difficile que la session de 5 minutes ? Plus agréable ? Avez-vous le sentiment de passer un « cap » dans la pratique de la méditation ? Comment vous sentez-vous après chaque session ? Quels bienfaits identifiez-vous ? En fonction du ressenti, ajustez le temps des méditations chaque matin.

15
min

Yoga: postures d'équilibre

Posture de l'arbre

Debout, en face d'un miroir si possible, étirer les bras vers le ciel, étirer la colonne, diriger le regard entre les mains. Déplacer le poids du corps sur la jambe gauche, amener son genou droit contre sa poitrine, l'ouvrir au maximum (ouverture de hanche), puis placer son genou à plat contre sa cuisse, au plus près du pubis 1. (Si ce n'est pas possible, le placer au niveau de la cuisse ou du mollet, mais pas sur l'articulation du genou). Le plus important est d'avoir le genou bien ouvert sur la droite. Sentir la force de la jambe gauche, bien ancrée dans le sol, qui repousse le pied droit et permet de tenir la posture. Placer les mains jointes ou les bras tendus vers le ciel, regard entre les mains (fixer un point). Respirer calmement par le nez. Si vous êtes à l'aise, fermez les yeux (c'est très difficile de garder l'équilibre).

Pour se réchauffer et ouvrir le cœur : mains jointes en prière sur la poitrine, inspirer et ouvrir la poitrine et écarter les bras coudes repliés en cactus. Rejoindre les mains et étirer les bras vers le haut, mains jointes à l'expir 2. Replier les coudes, pouces contre le cou. Revenir mains jointes. Inspirer et ouvrir la poitrine, etc. Répéter le mouvement 10 à 20 fois en maintenant la posture de l'« arbre ». Il est aussi possible de tenir la posture avec les bras en prière derrière le dos. Cette variante permet d'ouvrir la poitrine et créer de l'espace.

Pour sortir de la posture, saisir son genou et l'attirer vers la poitrine avant de le reposer doucement.

Variante de la posture de l'arbre

Les mains en prière, fléchir la jambe d'appui tout en gardant le pied opposé bien flex sur la cuisse et se placer en chaise (3) : garder le dos le plus droit possible (= le dossier de la chaise), fléchir la jambe d'appui avec pour objectif de créer un angle droit entre la cuisse et le mollet. Les bras sont levés et tendus, dirigés vers l'arrière (très important). Rester en chaise le temps de quelques respirations douces (les cuisses doivent chauffer) et remonter, en posture de l'« arbre ». Défaire la posture doucement, relaxer les jambes et répéter de chaque côté.

3

Enchaînements possibles à partir de la posture de l'arbre

- Les deux cuisses bien collées, la poitrine ouverte et les bras vers l'arrière. La jambe d'appui est bien ancrée. Replier l'autre jambe et saisir le pied avec les deux mains.
- La jambe d'appui toujours ancrée au sol, ramener le genou devant contre la poitrine, saisir le gros orteil grâce à la pince pouce/index/majeur et étirer la jambe au maximum devant, tout en gardant la jambe d'appui bien tendue et le dos droit (c'est une posture initié·e !)
- Posture du « danseur » 4 : repasser la jambe « mobile » vers l'arrière et saisir sa cheville avec la main (du même côté). Écarter au maximum le talon de la fesse.

4

- Ce contrepoids va ouvrir la poitrine. Monter la jambe au maximum et baisser légèrement l'avant du corps. Tendre le bras libre dans l'axe dos/nuque/tête. Cette posture est très gracieuse quand elle est bien exécutée !
- Relâcher la cheville et terminer en repassant la jambe « mobile » à l'avant et s'installer dans la variante de la posture de l'« arbre » (expliquée plus haut). Sortir de la posture, en tendant la jambe d'appui, saisir l'autre genou et l'attirer vers la poitrine avant de le reposer doucement. Se relaxer et débuter l'enchaînement avec l'autre jambe d'appui.

POINT SUR LES POSTURES D'ÉQUILIBRE

Les postures d'équilibre sont idéales le matin, quand on est encore un peu raide. Elles nous aident à tirer parti de l'énergie terrestre (à partir des jambes, qui sont comme de solides racines). Elles nous aident à nous fixer et à nous concentrer avant de démarrer la journée. J'enchaîne plusieurs postures d'équilibre dans une sorte de « flow » mais vous pouvez répéter les postures une à une, lentement, afin de les enregistrer.

J'adore ce petit enchaînement. Notre concentration et notre efficacité varient d'un jour à l'autre – et notre performance s'accroît au fur et à mesure des répétitions. Cette pratique matinale permet de nous équilibrer et de maintenir notre attention à son maximum. Nos jambes (racines) puisent l'énergie dans la terre et deviennent de plus en plus puissantes et souples !

Ne pas s'inquiéter si on perd un peu le fil des postures, il faut que cela soit fluide. Laissez de la place à votre inspiration !

10 min

Crème douce aux épices ayurvédiques

Lorsque ma fille était encore bébé, je lui préparais des petites purées, ma consommation de compote avait explosé ! Je faisais une triple ration pour nous deux puis je me mettais de côté une petite part que je réveillais à base d'épices et de topping beaucoup trop gourmands pour un bébé (qui n'a le droit qu'à la version basique) ! J'utilisais le combo « vitaliseur » (cuit-vapeur) et vitamix (blender) mais vous pouvez utiliser les petits robots deux en un pour bébé (Babycook) par exemple.

- 2 carottes ou 300 g de courge (butternut, potimarron…)
- 1 poire bien mûre
- 1 c. à café d'huile de coco
- ½ c. à café de cannelle

- Les graines de 2 gousses de cardamome écrasées ou ½ c. à café de cardamome
- Facultatif : ½ yaourt de coco (ou de chèvre) ou 1 c. à café de purée d'amandes
- 1 c. à café de miel cru et bio (faire très attention à la provenance du miel !) ou de sirop d'érable bio ou une belle datte ou 1 c. à café de cranberries séchées.

Faire cuire à la vapeur les carottes en rondelles et réserver un peu d'eau de cuisson. Mixer avec la poire crue et ajouter un peu d'eau afin d'obtenir la texture idéale. Ajouter l'huile de coco et les épices. Déguster tel quel ou tiède avec du yaourt, de la purée d'amandes ou un peu de miel ou de sirop d'érable.

L'idéal est de mixer du cuit et du cru afin de profiter des bienfaits des fruits crus.

LES RITUELS DE **l'hiver**

L'hiver est la saison froide, une période d'hibernation pour de nombreux mammifères… C'est une saison où nous avons tendance à nous replier sur nous-mêmes et à être plus sensibles aux virus ambiants.

En hiver, et le lundi matin tout spécialement, nous avons envie de laisser le réveil sonner et de nous cacher sous la couette pour ne pas l'entendre.

Gardons notre « mojo » en hiver, c'est la meilleure façon de combattre le repli sur soi, le ralentissement et les maladies !

RITUEL PEAU NEUVE

20 min

Halte au teint blafard et à l'énergie en berne ! Ce petit rituel remet du rose aux joues et donne quelques clés pour renforcer sa capacité à être pleinement heureux·se, même en hiver.

LES RITUELS D'HIVER ONT PLUSIEURS OBJECTIFS

- Réchauffer notre corps pour lui redonner de la souplesse et de l'énergie
- Se réconforter, se faire du bien quand il fait encore froid et nuit dehors
- Trouver un ancrage, un «motto» pour la journée, la semaine qui arrive

5
min

Gommage détox

Au réveil, encore allongé·e, se réchauffer les paumes et les passer sur le visage pour sentir son énergie qui circule. Se concentrer sur sa respiration, douce et pleine, pour donner le tempo d'une journée bien oxygénée.

Oublier son téléphone et se forcer à ne pas regarder les e-mails avant la fin du rituel du matin. Respirer doucement et profondément, en conscience, pour créer de l'espace dans votre corps, ouvrir le cœur et se concentrer sur la journée à venir pleine de promesses.

Passer le visage à l'eau froide, sécher en tapotant avec une serviette.

Préparer un gommage doux avec deux cuillerées à soupe de sucre roux (plus il est grossier et plus le gommage est intense. Si vous avez une peau épaisse ou à tendance grasse, vous pouvez utiliser du gros sel ou du marc de café à la place du sucre) et 1 cuillerée à soupe d'huile de coco fondue. Masser doucement la peau pendant au moins 2 minutes avec cette mixture (l'efficacité réside dans le massage!) en évitant le contour des yeux trop fragile pour le gommage. Rincer, sécher doucement la peau en tapotant et vaporiser une eau florale (rose musquée, par exemple, pour les peaux sensibles comme la mienne). Tapoter avec une serviette douce ou un papier (style Kleenex en version recyclée!).

Bien se laver les mains, puis appliquer un contour des yeux en «pianotant» de façon très légère pour bien imprégner. Masser le visage du bout des doigts avec une huile sèche (l'huile de rose musquée dans mon cas), «pianoter» et appliquer les paumes sur le visage pour terminer. Finir par votre crème de jour – j'utilise du gel d'aloe vera (je le choisis bio et le plus pur possible) qui est hydratant et apaisant, additionné d'huile végétale (rose musquée ou chanvre).

5 min

Écriture

Je vous propose de prendre 5 minutes chaque matin (vous pouvez chronométrer) pour noter toutes vos pensées, sans jugement, avec bienveillance. Vous allez vous rendre compte que ce sont toujours les mêmes petites phrases négatives qui reviennent. Notre cerveau est très fort pour ressasser des pensées négatives et angoissantes. C'est la sélection naturelle qui a voulu cela ! Les hommes les plus craintifs et superstitieux vivaient plus longtemps que les autres et se reproduisaient transmettant leur caractère à leur descendance. Aujourd'hui, nul tigre féroce ne nous menace, or nous avons tendance à stresser avec la même intensité pour des choses pourtant non vitales !

Posez-vous sur ces pensées. Comprenez-les, acceptez-les, ressentez les émotions qu'elles évoquent. C'est la première étape. Les émotions ne sont que des vibrations dans notre corps, elles sont désagréables parfois mais inoffensives. Le fait de les accepter est indispensable avant d'aborder la seconde étape. Prenez votre temps pour bien comprendre, en prenant du recul sur vous-même et en vous étudiant comme un sujet.

Une fois que vous aurez compris pourquoi ces pensées négatives sont en permanence dans votre esprit et vous empêchent d'atteindre vos objectifs/rêves, commencez à les « pratiquer » pour peu à peu les modifier (cf. p. 25).

J'ai ressenti une grande puissance ET une grande liberté quand j'ai compris que :

- Je ne pouvais pas contrôler ce que les autres pensent.
- Je ne pouvais pas contrôler ce que les autres font.
- Je ne pouvais pas changer le passé donc inutile de m'escrimer à le réécrire. Ce qui s'est passé avant, c'est exactement ce qui devait se passer pour que j'en sois là, aujourd'hui, présente et prête à vivre à fond.
- Mes pensées étaient à l'origine de mes émotions et donc de mes actions et de mes résultats. Je peux donc réaliser tout ce dont je peux rêver en travaillant sur mes pensées et en m'auto-coachant.
- Je pouvais modifier mes pensées et par là même contrôler ma météo intérieure.
- Cela ne signifie pas que je ne peux pas ressentir des émotions négatives. Au contraire, j'embrasse aussi ces émotions (et n'essaie pas de les « ignorer » ou d'y « résister »). J'identifie quelles sont les pensées à l'origine de ces émotions et me mets à les « pratiquer » pour m'en détacher et continuer à me construire. C'est un travail infini et passionnant !

5 min

Lecture

Le luxe absolu pour moi est de lire chaque matin, chez moi ou dans le métro. C'est absolument essentiel pour me concentrer et m'inspirer et je m'y tiens rigoureusement, même si je suis poussée dans tous les sens dans la rame de métro ! Depuis peu, je favorise un petit temps calme à la maison et réserve un podcast inspirant pour le métro.

Nous avons mis en place une petite session le lundi matin à l'atelier, où chacun partage quelque chose qu'il ou elle a aimé faire pendant la semaine passée et le week-end : ça peut être un livre, une expo, un restau, un tricot… Je partage souvent ce que j'ai retenu de mes lectures. Le partage aux autres de ce que l'on aime soi-même est la clé pour la confiance en soi.

Une étude menée par le Dr David Lewis, neuropsychologue et chercheur à l'université du Sussex, a montré que lire est le moyen le plus efficace de réduire le stress, beaucoup plus efficace qu'écouter de la musique ou aller se promener.

Une session de 5 minutes de lecture (en silence) permet de relâcher la tension, d'être plus concentré, plus attentif aux autres, plus créatif et de mieux dormir. En un mot : être plus heureux !

Pas besoin de guideline particulière pour vous encourager à lire et à relire ce que vous aimez, ce qui vous fait du bien et vous donne des idées quelle que soit votre activité professionnelle.

5 min

Lassi détox

J'aime l'aspect velouté du lassi et son côté réconfortant surtout en hiver! Il peut se décliner en fonction de vos purées d'oléagineux favorites.

- 250 ml de boisson végétale (coco ou amande, à défaut avoine)
- 1 yaourt végétal (riz/soja/chanvre…) ou de chèvre/brebis
- ½ poire bien mûre ou 1 petite banane
- 1 c. à soupe de purée d'oléagineux (noisettes, amandes, noix de cajou, pistaches…)
- Épices au choix : 1 c. à soupe d'extrait de vanille liquide ou de fleur d'oranger si vous recherchez l'apaisement, ou le mélange d'épices ayurvédiques (cannelle, cardamome, gingembre) pour plus de stimulation
- 1 c. à café de miel ou de sirop d'érable

Mixer tous les éléments dans le blender. Vous pouvez utiliser du lait chaud pour une boisson réchauffante le matin!

MON DÉROULÉ PRÉFÉRÉ

- Étirements « Nauli » (massage abdominal)
- Hygiène et soins du corps (massage)
- Méditation, visualisation, affirmation, intention
- Yoga/sport
- Petit déjeuner
- Écriture ou lecture

À vous d'adapter le déroulé du rituel en interchangeant les différentes pratiques selon votre envie.

RITUEL HOT

40 min

La respiration du feu est basée sur une respiration abdominale et des expirations saccadées. Cette respiration est rapide et légèrement sonore. Elle engage fortement la région abdominale (à ne pas pratiquer si vous êtes enceinte).

5 min

Nauli

Voir rituel « SOLAIRE » (p. 71)

5 min

Pranayama

Respiration du feu

Cette méthode de respiration m'est restée étrangère pendant assez longtemps (malgré une pratique régulière) – j'ai fini par l'adopter après une retraite de yoga où nous la pratiquions tous les matins (après une série de Nauli (voir « rituel SOLAIRE »). J'ai ressenti les bienfaits de cette respiration très dynamique qui réchauffe et énergise le corps au réveil. Même les yogis assermentés ont un corps lent et raide au réveil !

Se mettre en position du lotus (ou autre position de relaxation). Rechercher une détente absolue, un ventre souple et observer dans un premier temps l'état du corps et du mental ainsi que sa respiration naturelle. Prendre une longue inspiration abdominale et expirer de façon intense (inspiration et expiration par le nez comme pour toute respiration yogique). L'abdomen va se rentrer et va naturellement se regonfler à la fin de l'expir pour vous oxygéner. Enchaîner les expirs (c'est le mouvement du ventre qui vous guide) pendant 1 minute au début puis allonger les séquences. Placer vos mains sur votre ventre au début pour bien sentir les mouvements de l'abdomen à l'inspir et à l'expir.

Respiration alternée

Cette respiration plus douce permet d'équilibrer les deux parties du cerveau, c'est aussi un bon exercice pour se concentrer sur sa respiration et déconnecter. Pour les droitiers : placer le pouce droit sur la narine droite, l'index et le majeur sur le front, l'annulaire sur la narine gauche. Bloquer la narine droite avec le pouce. Inspirer sur 6 temps à gauche. Bloquer les deux narines et retenir sur 8 temps, expirer à droite sur 8 temps en bloquant la narine gauche. Inspirer sur 6 temps à droite. Retenir 8 temps. Expirer sur 8 temps à gauche, inspirer sur 6 temps à gauche, etc.

Répéter une dizaine de fois à droite et à gauche.

10 min

Méditation

(Ajuster le chronomètre entre 5 et 10 minutes selon le ressenti observé dans votre « journal de méditation ».)

La durée de méditation peut être augmentée progressivement – nous fonctionnons aussi par paliers. Celui de 5 à 10 minutes est particulièrement significatif ! Voir rituel « HARMONIE » p. 95.

10 min

Hot yoga

On part des salutations au soleil décrites dans le rituel Yoga flow (cf. rituel « SOLAIRE » p. 73) auxquelles on ajoute quelques asanas « back bend », qui permettent une ouverture maximale de la zone du cœur. Pour cette pratique Hot Yoga, il est idéal de pratiquer dans une pièce bien chauffée pour bénéficier de muscles plus souples et mettre en route le mécanisme/processus de sudation – une bonne façon d'exsuder les toxines. Je conseille d'enchaîner rapidement les postures dans un flow rythmé par de la musique (c'est le moment de mettre votre meilleure playlist).

Préliminaires : commencer par un pranayama « respiration du feu » pour bien se réchauffer (cf. Rituel « HOT » p. 115) et adopter la respiration abdominale associée à « uttana bandha ».

L'idéal pour se réchauffer au maximum est d'adopter la respiration dite « ujjayi » (par le nez comme toutes les respirations yogiques !). Il s'agit de contracter la glotte à l'expir (bruit de vague). Cela permet d'expirer plus lentement en filtrant l'air.

Enchaîner par 3 à 5 salutations au soleil A et 3 à 5 Salutations au soleil B (cf. Yoga flow du rituel « SOLAIRE »).

Une fois bien échauffé·e, attaquer les « back bends » (ou postures d'ouverture du cœur) :

1

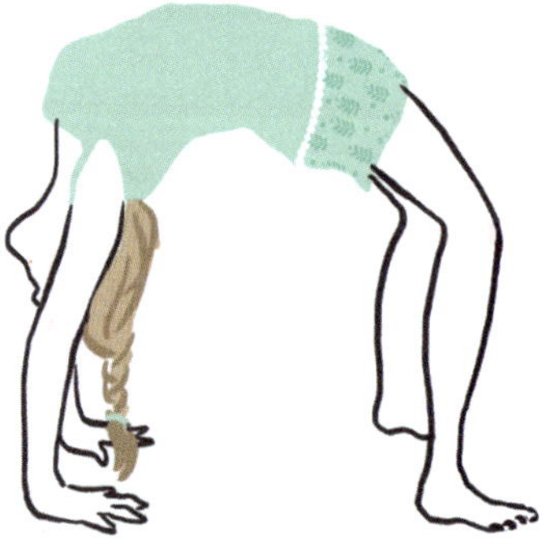

2

Demi-pont ①: se mettre sur le dos. Bras le long du corps, genoux repliés, pieds bien ancrés dans le sol. Soulever au maximum le bassin. Rouler les épaules au maximum et joindre les mains, bras tendus. Essayer de relâcher au maximum les fessiers et renforcer les cuisses. Ne pas laisser les genoux s'écarter. Respirer dans la posture (5 respirations abdominales complètes). Reposer doucement le dos sur le sol, vertèbre après vertèbre.

Pont complet ②: sur le dos, genoux repliés, positionner les mains à plat de part et d'autre des oreilles. Prendre appui sur les pieds à plat, bien ancrés dans le sol. La puissance vient des cuisses qui doivent chauffer (et non pas du bas du dos. Cesser immédiatement si vous ressentez une douleur désagréable dans les lombaires). Les bras sont tendus au maximum. Ne pas laisser les genoux s'écarter. Respirer dans la posture (5 respirations abdominales complètes). Reposer doucement le dos sur le sol en fléchissant les bras, et les jambes.

« L'arc » ③ est aussi une posture d'ouverture du cœur que j'affectionne particulièrement – c'est une bonne alternative aux ponts. Vous pouvez la substituer aux postures de pont expliquées précédemment.

③

À plat ventre, menton sur le sol, ventre bien gainé, saisir les chevilles avec les mains par l'extérieur. Comme dans la posture du «danseur» (cf. Rituel «HARMONIE», postures d'équilibre), c'est le fait d'écarter le talon de la fesse qui va créer l'étirement et ouvrir la poitrine. Éloigner au maximum les talons afin de donner au corps une forme de coque de bateau. Si vous êtes à l'aise, initiez un mouvement de bascule d'avant en arrière.

Terminer par cinq respirations dans la contre-posture du «poisson» (cf. Yoga Yin du Rituel «RELAX» p. 86).

MORNING SEX

Le « morning sex » est une pratique magique pour se réveiller et se connecter avec l'être aimé dès le matin! On commence la journée l'esprit clair, les pensées apaisées - et avec un glow miraculeux.

Avec nos journées bien remplies, la naissance des enfants, les pensées en boucle, on peut avoir tendance à s'éloigner de son ou sa partenaire. Deux options (conciliables!): se «séparer» le temps d'un bain ou d'un verre le soir, pour mieux se retrouver au lit, ou débuter la journée en faisant l'amour. La connexion sexuelle aide à construire, à s'aimer dans la durée (et à laisser de côté les petites incompréhensions ou frustrations du quotidien). Le sexe est souvent plus performant qu'une discussion pour réduire les conflits. Bonobo spirit!

10
min

Potion magique maca/ cacao cru

Le cacao cru (super-antioxydant et stimulant) et la maca (favorise l'équilibre hormonal et nerveux) ont de bonnes synergies. Ma potion magique en hiver associe ces deux superfoods et des épices ayurvédiques.

Pour un beau mug (250 ml)

- 200 ml de boisson végétale (coco ou amande, à défaut avoine). Bien veiller à choisir des boissons végétales bio et sans sucre ajouté ! C'est encore meilleur (au goût et au niveau nutritionnel) si vous faites votre boisson végétale fraîche vous-même.
- 50 ml d'eau
- 1 c. à soupe rase de cacao cru en poudre
- 1 c. à café de poudre de maca
- 1 c. à café d'épices (cannelle, cardamome, gingembre…)
- Facultatif : 1 c. à café d'huile de coco
- Facultatif : 1 c. à café de miel ou de sucre de coco

Diluer le cacao, la maca et les épices dans l'eau. Faire chauffer la boisson végétale (sans faire bouillir), diminuer le feu et ajouter le mélange de poudre dilué dans l'eau. Faire mijoter 2-3 minutes à feu doux et ajouter l'huile de coco. Déguster en pleine conscience ou avec un bon livre !

LEURS RITUELS À **elles**

Mon rituel du matin évolue beaucoup – d'autant plus que depuis que j'ai commencé ce livre, j'ai interrogé des dizaines de personnes sur leur routine et j'ai eu envie de tester d'autres pratiques.

Je vous livre le rituel de personnes très inspirantes que j'adore (et qui font partie de celles qui diffusent une belle énergie positive – la qualité la plus désirable à mon sens !).

Encore plus de routines matinales sur http://mymorningroutine.com (en anglais).

Clotilde Dusoulier

Auteure culinaire chocolateandzucchini.com

Quel est votre rituel du matin ? Depuis quand suivez-vous cette routine ? L'avez-vous fait évoluer au fil du temps ?

Mon rituel du matin évolue selon les périodes de ma vie, à la fois selon ma situation familiale (j'ai deux petits garçons de 2 et 5 ans, donc les mois se suivent et ne se ressemblent pas) et selon mes propres besoins.

Ce qui n'est pas tellement négociable, c'est la douche (avant toute chose), le petit déjeuner et les préparatifs des enfants, l'école ou la crèche. Mais après ça, il me faut systématiquement un petit moment pour me centrer et démarrer ma journée dans le calme, avec clarté et intentionnalité.

Ça peut être un simple point agenda/objectifs pour décider des tâches de la journée, des « morning pages » écrites sans filtre et sans fil conducteur pour me vider l'esprit, une dizaine de minutes de méditation, ou un petit déjeuner pris en pleine conscience (c'est-à-dire en ne faisant que ça et en se concentrant sur le goût, la texture, les sensations). J'aime l'idée que ça ne soit pas figé, parce que rien dans ma vie ne l'est, et j'essaie d'être à l'écoute de ce dont j'ai besoin au fil des jours.

Consultez-vous votre téléphone au saut du lit ?

J'évite de garder mon téléphone à côté de mon lit tout court ; j'ai mis le chargeur ailleurs. Autrement, je suis tentée de lire des trucs jusque tard le soir, ou en cas de réveil nocturne, et ça grignote du temps de sommeil. Le matin, je jette un rapide coup d'œil sur l'écran pour vérifier que je n'ai pas reçu de SMS urgent (annulation de rendez-vous par exemple) mais sinon les e-mails et les notifications de réseaux sociaux attendent que ma journée de travail soit vraiment mise en train.

Quel est votre petit déjeuner habituel ? Et le petit déjeuner décadent de vos rêves ?

Mon petit déjeuner varie aussi au fil du temps. J'ai des périodes mono-préférence – ma période granola, ma période green smoothie, ma période toast à l'avocat, ma période œufs brouillés... – et puis ça évolue et je passe à autre chose. En ce moment, c'est galettes de riz au beurre d'amande avec une pointe de sel, une pomme en lamelles, et beaucoup de cannelle fraîchement râpée avec ma super râpe à cannelle.

Je n'ai pas de petit déjeuner décadent en tête – je n'aime pas manger beaucoup le matin, je préfère laisser la faim revenir pour l'heure du déjeuner – mais de temps en temps, un bon croissant au beurre en famille le dimanche matin avec des oranges pressées, j'adore.

Vous préparez-vous la veille afin d'être plus efficace le matin ?

Je m'efforce de boucler ma journée de travail avec une idée claire de ce sur quoi il faut que je démarre le lendemain matin : ça m'évite de commencer par passer une demi-heure à tricoter en essayant de retrouver où j'en étais. Et je range toujours l'appartement (en particulier la cuisine et les jouets) avant d'aller me coucher, parce que je ne conçois pas de me réveiller dans le capharnaüm !

Quel est l'impact sur votre journée si vous ne pouvez pas suivre votre routine habituelle ?

À vrai dire, ça n'arrive jamais, du fait que je m'adapte. Si, par exemple, je dois partir rapidement à un rendez-vous, je peux faire une petite méditation en marchant en pleine conscience, ou un point agenda dans le métro. Si je n'ai pas eu le temps de petit déjeuner avant d'accompagner mes enfants, je petit-déjeune en rentrant, et j'en fais un petit déjeuner en pleine conscience (difficile à mettre en œuvre quand il y a deux petits qui vous parlent en même temps !).

Mélody Szymczak

Entrepreneuse et méditation guru

Quel est votre rituel du matin ?

Je me lève assez tôt pour avoir du temps pour moi. Et ensuite, c'est d'abord de l'eau pour mes neurones ! J'ai un petit carnet dans lequel je note toutes les pensées qui me viennent, les sensations que je n'explique pas immédiatement. Bonnes ou mauvaises ! Les idées mêmes les plus folles qui me font vibrer. C'est une sorte de remise à zéro du mental avant de démarrer la journée. Je me fais ensuite une daily list (j'adore les listes) de toutes les choses vraiment cool dans ma vie pour mettre mon corps sur la bonne tonalité, et puis je fais ma petite « moving meditation » du matin ! 5 à 15 minutes de visualisation en musique ! En ce moment, je commence toujours par l'album "Cape Dory" de Tennis, vraiment sweet !

Pour le carburant, je me fais un petit matcha latte, avec du lait de coco, c'est très doux pour l'hiver.

Si j'y arrive, je prends ma douche avant le réveil de baby Arthur, pour éviter de me sécher les cheveux en courant, et c'est mon chéri qui me presse un jus avant que nos chemins se séparent pour filer au bureau, à pied ou à vélo ! On est chacun à 15 minutes à pied de nos bureaux respectifs. C'est le plus fou des luxes à Paris, je trouve !

Depuis quand suivez-vous cette routine ? L'avez-vous fait évoluer au fil du temps ?

Depuis près de 4 ans. Depuis que je suis entrepreneuse en fait! Elle a évolué avec la naissance d'Arthur et même été un peu interrompue pendant quelques semaines. Et j'ai senti la différence.

Je médite un peu moins le matin, et mon petit déjeuner est plus léger. Les envies de mon corps sont plus légères le matin depuis la naissance d'Arthur. Je ne me l'explique pas, mais j'ai confiance en mon corps, je déjeune le midi simplement un peu plus tôt!

Consultez-vous votre téléphone au saut du lit ?

Plus depuis que je fais recharger mon portable à l'autre bout de la pièce en mode «avion»! Et ça change tout. Le temps défile beaucoup trop vite sur le portable. Ça me rend dingue alors je maîtrise comme je peux. Je le cache de ma vue!

Quel est votre petit déjeuner habituel ? Et le petit déjeuner décadent de vos rêves ?

Un matcha latte et un jus pressé dans un second temps, avant de partir. Le matin, je n'ai pas faim de solide immédiatement.

Vous préparez-vous la veille afin d'être plus efficace le matin ?

Il s'agit pour moi de ne pas remettre à demain les petites tâches pas très glam! Je range tout avant d'aller me coucher, tout comme on se démaquille ou on prend une douche pour que l'espace soit joli et doux au réveil! Je suis très très sensible à la beauté d'un lieu, sa lumière, son odeur... pour moi, mon cocon parisien est à l'image de mon mental. Ranger, nettoyer un peu avant d'aller me coucher, parfois même aussi en musique, est une forme de méditation!

Quel est l'impact sur votre journée si vous ne pouvez pas suivre votre routine habituelle ?

C'est un shot d'énergie en moins malheureusement. Et je suis aussi vraiment plus créative le matin, donc si je démarre trop tard, la journée peut être très différente ou ne pas démarrer du tout !

Claire Andreewitch

Coach en nutrition

Quel est votre rituel du matin ?

Le matin commence toujours avec des câlins. Mon fils vient dans notre lit quelques minutes avant qu'on attaque la journée !

Même si je n'ai qu'une minute pour moi le matin, je fais des étirements et je me répète un mantra positif pour me mettre dans les bonnes vibes…

Ensemble, nous préparons un petit déjeuner toujours très coloré et vitaminé.

Depuis quand suivez-vous cette routine ? L'avez-vous fait évoluer au fil du temps ?

Mon rituel évolue tout le temps selon mes envies et mes besoins, et bien sûr la routine a beaucoup changé depuis que je suis maman (cela va faire bientôt 3 ans). En tout cas, je veille à démarrer en douceur ! Même si on a très peu de temps le matin et que je n'ai pas de temps de méditer ou faire une routine de yoga (oui c'est mon idéal). Je crée un moment de pure détente et de plaisir avec la préparation dans la salle de bains : de l'eau florale qui sent divinement bon, des huiles avec lesquelles je masse mon visage et mon corps. Cette routine beauté remplace ma méditation, car je la fais dans la pleine conscience sans essayer de penser à ma to-do list pour la journée. Quand mon fils était bébé, mon mari le gardait souvent 30 minutes avant de partir travailler pour que je puisse faire mon yoga. Maintenant, je peux le faire dans la journée comme je gère moi-même mon emploi du temps, alors, le matin, avant le départ chez l'assistante maternelle, on joue au train ou on dessine.

Consultez-vous votre téléphone au saut du lit ?

Presque jamais, je déteste ça... j'attends d'avoir pris mon smoothie !

Quel est votre petit déjeuner habituel ? Et le petit déjeuner décadent de vos rêves ?

La semaine, c'est toujours des smoothies variés avec des fruits frais, et « superfoods » variées. Mon fils adore ça alors je fais un smoothie géant, qui nous fait gagner du temps ! Comme ça, je n'ai pas plusieurs choses à préparer.

Mon petit déjeuner de rêve, c'est une table remplie de fruits exotiques de super qualité ! Parfois la qualité et le goût manquent aux fruits que j'achète ici à Paris, et en plus, on n'est pas dans un pays tropical alors les papayes, je n'en mange pas souvent...

Vous préparez-vous la veille afin d'être plus efficace le matin ?

Je fais souvent 2 choses : une to-do list pour le lendemain, et puis je fais tremper des oléagineux. Après une nuit de trempage, c'est plus digeste et notre corps profite mieux des bienfaits.

Quel est l'impact sur votre journée si vous ne pouvez pas suivre votre routine habituelle ?

J'ai clairement remarqué que le matin a tendance à conditionner le reste de ma journée ! Quand cela démarre « violemment », je dois faire plus d'efforts pour me centrer dans la journée.

Agathe Audouze

Fondatrice du Café Pinson

Quel est votre rituel du matin ?

Je ne suis pas du tout du matin. Alors, j'ai avant tout besoin de douceur ! Je mets une grosse vingtaine de minutes avant d'émerger. Pendant cette phase entre deux eaux, j'essaie de me souvenir de mes rêves et je les note lorsqu'ils sont marquants. J'attends que mes enfants déboulent pour notre câlin dans le lit. Et lorsque je suis enfin un peu réveillée, je fais quelques abdos, avec de la musique électro à fond pour me motiver (heureusement, mes enfants adoptent généralement mes goûts musicaux, sinon ils me détesteraient...).

Depuis quand suivez-vous cette routine ? L'avez-vous fait évoluer au fil du temps ?

Quand je me suis mise à accepter que je n'étais définitivement pas du matin ! Je fais tout pour suivre mon rythme, être à l'écoute de mon corps qui s'éveille lentement.

Simplement, je me secoue un peu plus aujourd'hui, avec des abdos. Grâce à la pratique du yoga, j'ai compris qu'avoir un ventre tonique et ferme permet d'être tonique mentalement. Le ventre est notre centre de gravité, alors je le chouchoute beaucoup plus aujourd'hui.

Consultez-vous votre téléphone au saut du lit ?

Ok, j'avoue que ça m'arrive assez régulièrement... Et pas qu'au saut du lit, parfois même DANS le lit ! Cette fichue envie de « gagner du temps ».

Quel est votre petit déjeuner habituel ? Et le petit déjeuner décadent de vos rêves ?

En semaine, je bois simplement un grand matcha latte au lait de riz. Pas idéal, mais je suis addict, et ça me cale.

Je me rattrape le week-end : on prend notre temps avec un petit-déj simple et régressif : tartines de pain (sans gluten), confiture, café filtre (quand on ne va pas au brunch du Pinson !). Pas franchement décadent, mais c'est mon grand plaisir du week-end.

Vous préparez-vous la veille afin d'être plus efficace le matin ?

Je prépare toujours tout la veille, avec les enfants !! Ils choisissent leurs habits pour le lendemain, je prépare la table du petit déj... Du coup, tout le monde sait ce qu'ils ont à faire le matin, l'ambiance est plus fluide.

Quel est l'impact sur votre journée si vous ne pouvez pas suivre votre routine habituelle ?

Si je n'ai pas mon matcha latte pour démarrer la journée, je suis littéralement en manque... Et si je brusque mon rythme, ça a un impact directement sur mon humeur ! Conclusion : il suffit de se connaître un peu et d'écouter son tempo pour être de bon poil !

Claire Lafon

Fondatrice d'Apicia

Quel est votre rituel du matin ?

J'aime me lever très tôt, à 5 h du matin. Après quelques positions de yoga pour commencer la journée en douceur, je bois un grand verre d'eau tiède mélangé avec le jus d'un demi-citron. Il est en général 5 h 30 lorsque je m'installe sur ma table de salle à manger. Je prends 10 minutes pour écrire sur mon bloc-notes les objectifs de la journée. J'allume ensuite mon ordinateur, je repasse mes mails pro et perso et complète ma to-do list. Vers 6 h, ma liste terminée, je m'attelle à répondre à tous les mails non traités (ou tout du moins, à une bonne partie !). Cela me permet d'aborder ensuite la journée sereinement, avec cette belle sensation de ne pas être (trop) en retard dans mes correspondances !

Depuis quand suivez-vous cette routine ? L'avez-vous fait évoluer au fil du temps ?

J'ai initié cette routine il y a 6 mois, quand mon fils a commencé à faire des réveils nocturnes. Je me suis alors rendu compte que je prenais beaucoup de plaisir à ne pas me recoucher et à profiter de cette bulle solitaire et silencieuse pour ordonner mes pensées et mes journées. J'ai ensuite décidé d'en faire une véritable routine.

J'ai dû me discipliner, car moi qui étais une grosse dormeuse, ça n'était pas gagné d'avance !

Je n'ai pas encore fait évoluer cette routine, car elle correspond à mes besoins d'aujourd'hui (je suis en année de lancement de mon entreprise, donc cette heure de traitement des e-mails en retard n'est pas de trop !), mais j'aimerais par la suite consacrer plus de temps au yoga et à la lecture de la presse ayant ou non un rapport avec mon activité. Savoir ce qui se passe ailleurs dans des domaines même très éloignés du sien est une source de richesse, de créativité et d'humilité.

Consultez-vous votre téléphone au saut du lit ?

Non ! Je ne touche en général pas à mon téléphone avant d'arriver au bureau. Mais j'allume mon ordinateur assez tôt, vers 5h45, donc cela reste de la connexion digitale... Je ne suis pas encore en phase « digital detox » le matin, mais peut-être que cela viendra !

Quel est votre petit déjeuner habituel ? Et le petit déjeuner décadent de vos rêves ?

Autant ma routine matinale est toujours identique, autant j'aime l'improvisation pour mes petits déjeuners ! Pain complet-avocat-fromage, céréales au miel, œufs brouillés... cela change au gré de mes envies. Les seuls aliments immuables de mon petit déjeuner : un fruit et 2 cuillerées de pollen frais (fabuleux pour la flore intestinale et l'énergie) ! Et le plus important :

nous prenons toujours le petit déjeuner en famille. Après 2h de silence, j'aime entendre à nouveau les rires, histoires et chamailleries de mes enfants !

Le petitdéjeuner décadent de mes rêves, nous le prenons tous les week-ends (il est important d'accomplir ses rêves !), en mode brunch : pains au chocolat, pain complet-huile d'olive-jambon serrano, avocat, œufs, jus de fruits...

Vous préparez-vous la veille afin d'être plus efficace le matin ?

D'une certaine façon, oui. Le soir, j'aime me plonger dans des livres inspirants ou de développement personnel. J'écris dans un carnet ce qui fait écho en moi, ce que je m'engage à être ou faire, et je note tous les mantras qui pourraient m'aider ou aider mes proches ou mes conseillers à être ce qu'ils souhaitent vraiment être.

Quand on s'endort avec des idées positives, on se réveille avec des idées positives et une envie de déplacer les montagnes !

Quel est l'impact sur votre journée si vous ne pouvez pas suivre votre routine habituelle ?

Si je ne fais pas cette routine matinale, j'ai l'impression de ne pas avoir de temps pour moi, pour réfléchir à ce qui importe. Je suis moins sereine, plus stressée, moins épanouie, moins efficace. J'en oublie mes objectifs. Sauf le week-end, ou j'attends que mes enfants viennent nous réveiller... vers 7h30. Grasse mat en somme !

ANNEXES

Trousse de beauté rêvée

Mantra 1

Appliquer le minimum de marques différentes sur la peau

Mantra 2

Privilégier les soins bio et purs

Mantra 3

Se faire plaisir quand on prend soin de soi, se sourire
et se dire des compliments devant la glace !

Les gestes de démaquillage et d'application des soins de beauté
d'Isabelle Bellis m'inspirent tout particulièrement
https://www.youtube.com/watch?v=oXloVFZ6r9s

Matin

Nettoyage avec le savon mangue & avocat de la marque ALAENA
Spray apaisant de la marque californienne BODHA (en tonique)
Massage à l'huile de chanvre pure et bio
Crème de jour revitalisante AURELIA PROBIOTICS
Contour des yeux ANTIPODES à l'huile de kiwi

Home spa

(2 à 3 fois par semaine)

Peeling aux acides de fruits de la marque ALAENA
Masque au miel bio ou masque miel et pollen d'APICIA

Soir

Double nettoyage : huile de chanvre bio et savon mangue & avocat ALAENA
Massage à l'huile de chanvre
Baume visage réparateur ULA
Aloe Vera LILY OF THE DESERT

Bibliothèque idéale

Un livre inspirant pour les entrepreneurs (et les autres):
Small Giants, Bo Burlingham (en anglais).

Un livre de cuisine:
Moon Juice Cookbook, Amanda Bacon (en anglais).

Pour rire dans le métro:
J'adore la mode mais c'est tout ce que je déteste,
Loïc Prigent, éditions Grasset.

"Brittisheries" décadentes:
Snobs, Belgravia et Past Imperfect, Julian Fellowes (en anglais).

Friandises du début du siècle:
les romans d'Edith Wharton.

Mon auteure américaine préférée:
Laurie Colwin - j'aime tous ses livres et même son cookbook
(Home Cooking).

Se lisent à l'infini:
Wifey et *Smart Women* de Judy Blume (en anglais)

Un polar amusant:
Poulets grillés de Sophie Henaff, Le Livre de Poche.

Série douce et envoûtante:
Le Poids des Secrets, Aki Shimazaki, éditions Actes Sud.

Un très beau classique:
Les Hauts de Hurlevent, Emilie Brontë, Le Livre de Poche.

Bibliographie

Miracle Morning, Hal Elrod, éditions First.

La magie du rangement, Marie Kondo, éditions First.

Beauty Detox, Kimberly Snyder, (en anglais).

My Morning Routine
http://mymorningroutine.com/

La beauté naturelle by Goop, éditions Marabout.

Kintsugi Wellness, Candice Kumai , éditions Harper Wave.

Podcast :
The Life Coach School de Brooke Castillo
Change ma vie, outils pour l'esprit de Clotilde Dusoulier
The GOOP podcast

PAPIER À BASE DE
FIBRES CERTIFIÉES

MARABOUT
s'engage pour l'environnement
en réduisant l'empreinte carbone
de ses livres.
Celle de cet exemplaire est de :
500 g éq. CO_2
Rendez-vous sur
www.marabout-durable.fr

Imprimé par Unigraf en Espagne
Pour le compte des éditions Marabout (Hachette Livre)
58, rue Jean Bleuzen, 92178 Vanves Cedex
Dépôt légal : avril 2019
ISBN : 978-2-501-12186-6
4065064
Édition 01